¶

alinea

也稱pilcrow，是一個古老的編輯符號——¶，標示出新的段落，
同時指引讀者從此將要開始新的討論或新的思緒。
以alinea命名的書系，就是要回歸到編輯的古典角色，
以我們對於閱讀的眞誠與專業熱情，
不斷爲讀者打開一個又一個不同流俗的新視野。

06

Christopher Phillips

蘇格拉底咖啡館
哲學行動新滋味

Socrates Café: A Fresh Taste of Philosophy

克里斯托弗．菲利普斯———著
林雨蒨———譯

媒體、作家推薦

在這聲音刺耳、談話性節目充斥的時代，能有個人樂於對不論是哲學性或實務性的想法進行真正的交流，真好！這就是克里斯托弗·菲利普斯在這本振奮人心的書裡所成就之事。

——華特·安德森（Walter Anderson），《遊行》（*Parade*）雜誌發行人

作者獻身於教導一組又一組的人，如何使用蘇格拉底的問答法以革新他們的日常生活。他在美國各地游走，伸出手來，接觸每個有心和他共同追求備受檢驗的人生的人。

——約書亞·格蘭（Joshua Glenn），《優涅讀者》（*Utne Reader*）

我熱愛閱讀本書中那些與來自各階層的小孩和成人所進行的生動的、道德充盈且內省式的交流。和克里斯托弗·菲利普斯一起，它們教導我們其餘的人對人生與其意義進行思考，它的用意，這本《蘇格拉底咖啡館》是給讀者的一個美妙的禮物！

——羅伯特·寇爾斯（Robert Coles），哈佛大學

我們要如何交流我們的人生？克里斯托弗・菲利普斯給了我們他自己，以及許多和他一起的人，對如何透過蘇格拉底式的對談來交流人生，做了令人印象深刻的說明。在《蘇格拉底咖啡館》裡，他向我們展示一個人如何踏出那最困難的一步：第一步，而我們為此對他心懷感恩。

——馬修．李普曼（Matthew Lipman）博士，蒙特克利爾州立大學

克里斯托弗．菲利普斯是一個好作家、好的思想家。在他這本動人的、易於接受的書中，帶領我們走上一條自我發現的旅途。

——詹姆士．摩根（James Morgan），《到月亮的距離》（*The Distance to the Moon*）作者

對於克里斯托弗．菲利普斯把哲學帶出象牙塔，回歸至一般人生活之中的努力，我感到非常興奮，因為那才是哲學的歸屬。

——猶太教老師哈羅．S．庫許納（RABBI Harold S. Kushner），《如何面對厄運》（*When Bad Things Happen to Good People*）作者

導讀　想喝一杯這樣的咖啡

傅佩榮

咖啡館以「蘇格拉底」為名，不是為了襯托出古典的趣味，而是為了恢復一門古老學問的原始風貌。這門學問稱為「哲學」，原意是「愛好智慧」；自古以來，誰不想探尋智慧，由此化解人生困惑，活得充實而有意義呢？

「蘇格拉底咖啡館」開張了，裡面賣的不是咖啡，而是一連串的問號與驚嘆號。首先要問的是，這座咖啡館在哪裡？有的時候它真的在某一家咖啡屋，不過，更多的時候，它在餐廳、教堂、社區中心、山頂、療養院、收容所、老人中心、學校或監獄中。

事實上，任何地方都可以成為這樣的咖啡館，只要有它的館主菲利普斯（C. Phillips）在場。菲利普斯十二歲時開始自修哲學，從柏拉圖對話錄中的蘇格拉底入門，很快就下定決心要「像蘇格拉底一樣」。十三歲時，他讀到美國哲學教授的一本書，激發起對生命的熱切渴望，「一個人如果能坦然地面對死亡，他的人生應該會更好。」生與死的對峙張力，使他決定善度此生，就是要學習蘇格拉底，並且使他所遇見的每一個談話對象都成為蘇格拉底。

菲利普斯擔任雜誌記者十餘年，自身擁有人文、自然科學、教育三個碩士學位。他終於在一九九六年放下一切，巡遊各地與人談論哲學。他純熟應用蘇氏的探問法，讓參加者自由提問與作答，並且最後往往沒有結論也沒有共識。奇妙的是，參加者總會獲得一些啟發，宛如領悟了自身問題的癥結與曙光，含笑揮手而別。菲利普斯以生動的文筆描述整個過程，一再強調他從參加者的話語中學到的，遠比他所教導的要多；並且，他其實沒做任何教導。

《蘇格拉底咖啡館》一書中，好像把哲學當成奶精，溶入生活所代表的咖啡中，讓每一個人調製他自己的口味。當你攪動咖啡時，就是在「問問題」，問了之後，聽聽別人的回應，然後又有新的提問。在往往返返的刺激之下，哲學恢復了生機，人生也顯示了不同的景觀。

譬如，蘇格拉底正常嗎？他可以逃獄卻執意守法而死。那麼，就從「精神錯亂」談起吧！為了迎合正常人的標準，我們要先會壓抑獨特的個性與創意嗎？希臘的神諭不是教人要「認識你自己」嗎？那麼，我是誰？蘇氏說：「未經檢驗的人生，是不值得活的」，所謂檢驗，就是不斷向自己提問；這是我的希望的人生嗎？我有把握自己所想做的是正確的嗎？

又如，我在哪裡？家是什麼？朋友何所指？人有好壞之分嗎？許多人明明活在自由的社會、家庭與事業都很順利，但是卻覺得自己「被困住了」？他們是覺得行為的選擇受到限制，還是在情感上難以自拔，或者是從未真正活出自己的生命？作者提供的建議是：「一個人應該專心致志於尋找一種能讓他付出所有的工作。」這與尼采所說的若合符節，尼采說：「一個人知道自己為了什麼而活，他就能夠忍受任何一種生活。」若要此生無怨無悔，就需覺悟自己的人生目標究竟何在。

對於人生，誰沒有問題想說？但是，各說各話而缺少疆界的路標，誰保不會淪於發洩情緒。蘇格拉底不是心理醫生，而是哲學家；他不只是傾聽與發問，他還在不知不覺中提供豐富的暗示與引導。那麼，效法蘇氏的人，又怎能不先作好「家庭作業」呢？菲利普斯的哲學知識是相當充分的。由附在書後的「哲學家彙編」看來，上榜的有五十一人，其中的希臘哲學家將近四分之一，亦即蘇氏之外，像柏拉圖、亞里斯多德的大名經常出現。這是合宜的作法，因為西方哲學的源頭在此。來到「咖啡館」的朋友，有的熟記幾段柏拉圖的言論，有的甚至隨身攜帶柏氏的一篇對話錄，隨手翻開就念上一段。

這位「隨手翻開就念上一段」的小姐，所念的是〈饗宴篇〉中談到「愛」的部分。念完之後，菲利普斯很想問她一句話：「你怎麼知道你戀愛了？」他當場沒有這麼問，不過，後來兩人結婚了。菲利普斯的寫作功力極為傑出，他在讓你忙著沉思各種人生問題時，巧妙地道出他自己的故事，但是你要讀完全書，才能拼成一篇作者生平側寫。當然，他著墨更多的是歷代哲學家的啟發。

作者在希臘哲人之外，最欣賞的應該是尼采、蒙田（有法國蘇格拉底之稱）、史賓諾莎、齊克果等人。這些人的言行比較近似蘇氏作風，而與所謂的「學者哲學家」相去甚遠。學者是指在大學教書的人，他們「傾向把哲學當成博物館的館藏，他們這些專家才能權威性地加以討論。他們常常運用那些令人無法產生連結的艱難術語，讓學生感到畏懼迷惑，並發誓修完學位的必修學分之後，絕不再上其他有關哲學的課。

這種象牙塔與日常生活脫節的情況，在今日各個學科普遍存在，但是，哲學必將受到最多苛責，因為「愛好智慧」是人生的必需，是每一個人都有權利也有義務去為自己進行的工作。菲利普斯的志業即在於此，要讓哲學重新回到人間，要讓蘇格拉底在今日的每一座咖啡館中現身。他是美國人，所引述的哲學家自然多以英美為多，如詹姆士、杜威、皮爾士、懷特海，以及兩位女哲學家漢娜・鄂蘭與蘇珊・朗格。而影響他最多的則是以英譯尼采著作而知名的考夫曼教授。

「離開人生，哲學是空洞的；離開哲學，人生是盲目的。」作者在結合哲學與人生方面，勇敢開創了新的風氣。單就這本書來說，內容是許多場小型座談的記述，而涉及的問題都是看似平凡而其實攸關人生苦樂的題材，使人在閱讀時不僅跟著一起思索，還會在看完每一章之後，繼續延伸到自己心中的疑點：我會怎麼問，怎麼答？我可以改變生命中的哪一方面，使自己活得更真誠更有意義？

這麼做的目的，不是要挑戰或破壞體制，而是要採取對自己負責的態度。我不能決定自己的命運，但是我可以選擇如何回應命運加諸於我的考驗。讓大學的哲學系繼續存在，但是我們依然可以享受「愛好智慧」的樂趣。如果經由「蘇氏咖啡館」的推廣，而使哲學系回歸生活世界，那更是作者的意外驚喜了。

現在，隨著本書中譯本的出版，許多人自然會想：這樣的咖啡館在台灣行得通嗎？台灣以都市來說，咖啡館早已林立，所以場地不是問題。問題是：要去何處找到像菲利普斯這樣的人？他必須熟知西方哲學的來龍去脈，並且既然住在台灣，也不能缺少中國哲學的基本素養。如果沒有具備如此條件的人，大家聚在一起除了喝咖啡與聊天之外還能做什麼？並且，聊天時能夠避開八卦新聞的侵襲嗎？這樣的聚會還不如讀書會，至少後者可以讓人老老實實念完一本書？話雖如此，我們還是可以問，難道台灣就以讀書會為滿足點嗎？下一步不就是類似「蘇氏咖啡館」的模式嗎？當喜歡讀書及思考的人口增加，就會想喝一杯這樣的咖啡了。

其次，菲利普斯主持這種小型談話會，是不收費的義務行為。的確，當初蘇格拉底就是以不收取費用而聞名，他還經常批評另一派學者的收費行為呢！如此一來，情況好像更困難也更複雜了。這也是為何在菲利普斯之前，美國沒有人大張旗鼓這麼做的原因之一。在台灣如果有此構想，大概要靠基金會以公益事業之名來推動了。

本書有一個副標題，原意是指對哲學做新鮮的品嚐。明明是老得不能再老的學料，如果運用得法，都能使人生處處顯露新鮮的滋味。或者，換個方式，借用我的老師方東美先生的話來說，哲學不能取代生活所需要的麵包，但是卻能使麵包「增加甜味」，因為她像蜂蜜一般。有了哲學，人生將是亮麗而明覺的。亮麗，因為可以活得自在；明覺，因為理性使人一直探問，永遠保持對生命的好奇。只要學會如何發問，並且繼續發問，人生的活力將源源不絕展現出來。

（本文作者為台大哲學系教授）

作者的話——成立二十年回顧

克里斯托弗・菲利普斯

一九九六年八月的一天，在紐約市東南方二十英里處，我深呼吸一口氣，走入紐澤西州韋恩鎮，一座尋常購物商場內的博德斯書店（Borders Bookstore），對書店的社區活動聯絡人毛遂自薦。我告訴她，我有個構思，想要每週一次用蘇格拉底的探問法與一小群人對話，共同且徹底地探索對人類心智和心靈最有意義的哲學問題。當然，我也少不得要面對自身同樣緊迫的存在問題與難題，因此原本就非常渴望能從他人深思熟慮的觀點來得到一些啟發。何況在我看來，美國社會正處於一個多數人選擇視而不見的危機狀態，需要市民起而應對。

在《蘇格拉底咖啡館：哲學行動新滋味》（二〇〇一年英文版）中，我描述了我最初決心成立的蘇格拉底咖啡館哲學探問團體，以此小小的舉措，力抗「我眼中」美國民眾「偏激且普遍存在的自私自利和不寬容態度，以及缺乏自己的同胞必須自己守護的意識」。但我的目的，實際上是更正面地想要透過在公共場所創立對話性的探問團體，讓參與的人能夠有一種同情共感的連結。理想上來說，分享者會因此產生一股向心力，並竭力協助彼此發掘、培育和貢獻出個人的才華，進而在某一方面臻至非凡，變得卓爾不群。我的想法是，要在社會上實現古希臘人所謂最理想的完美人格（Arête），也就是追求崇高、良善等全面性的卓越，最好的方式莫過於透過一種開放的心態，不斷擴大自己的包容心。

然而，要達成這樣一個崇高的目標，即使只是取得最少一點的進展，對話似乎都該用一種不那麼強迫的性質，而是能啟發參與者去挑戰自己和彼此的信條的方法，讓任何前後不一、令人在思考上變得自滿的習性，能被其他一些可啟迪人心的習慣所取代，使我們不單具有明察秋毫的敏銳性，視野也能更富想像力。此外，我認為政治學家達納・維拉（Dana Villa）對蘇格拉底那個時代，即西元前五世紀的雅典城邦所做的評論，一樣適用於我這個時代的許多美國人，而那就是兩個社會的人民都面臨組成這種探問社群不可忽視的挑戰，但「不是因為他們比其他人更固執己見……而是因為他們是最活躍的，也是最心煩意亂，以及最有動力的人。」

心煩意亂和有動力在本質上無關正面或負面，但它們被導向了正面還是負面的結果，至少有部分取決於我們有沒有花時間檢驗自我，並仔細想想駕馭自身能量最好的方式。再說，深思人人皆可努力培植的道德準則類型，且朝著人道主義的目標前進，也是個明智之舉。

我正是心懷這個目的，才熱切地規劃透過蘇格拉底咖啡館，將蘇氏的探問法傳揚四方，讓我的市民同胞得以共同討論人生、生命之道。但我的目標絕不止於改造他人；相反地，我把這當作一種工具，用來更加理解、明確且有力地表達、探索，和真正進一步發掘出我自己的道德準則，好讓自己更敏銳地意識到，我是否有在人生中將自己的價值觀付諸實現，同時判定我所抱持的準則和世界觀是否需要修改，甚或來場大翻修。而為了做到這一點，我需要其他的人參與。

首先也是最主要的是，這迫使我不得不持續想辦法遇到不同的人，並從中對自己的言行、理念，以及奠定與發展出它們的價值系統，得到更正確的認識。我認為以定期方式且幾乎總選在公共的場所和空間，用現代版的蘇式探問法，與各式各樣的市民同胞進行以哲學為本的對話，是有必要的。

意想不到的是，在這個過程中，奇妙的事情發生了。我原以為只有美國人才是我的「市民同胞」，蘇格拉底咖啡館卻意外的在全球風行起來。從印度的孟買、阿富汗的喀布爾、敘利亞的阿勒坡到埃及的開羅，從東京到土耳其，一間又一間的蘇格拉底咖啡館成立了。我不時受邀到蘇格拉底咖啡館持續聚會的國家協助他們探問，也曾在後續的著作中將這些旅程化為文字。

慢慢地我意識到，蘇格拉底咖啡館不僅不應自囿於西方文明的人和地，更別提只局限在美國，蘇氏探問法事實上帶有強烈的東方色彩，無疑也受到南半球的南非（圍坐一圈的對話本是部落民主不可或缺的一部分）、南美與中美的影響（在北美，蘇格拉底咖啡館熱烈但有系統地探問，仔細且同理的聆聽方式和時代思潮，引起了墨西哥各地的回響，包括他們最本土的社群在內，加拿大亦然）。

對我來說，更大的喜悅是，自第一個蘇格拉底咖啡館於紐澤西成立後，過了二十多年，全球現已開枝散葉出數百個團體（就我所知，蘇格拉底咖啡館在印度孟買、澳洲雪梨和日本東京等這些意料之外的地方最受到歡迎，令我相當喜出望外。）到現在，每一年都還有新的蘇格拉底咖啡館成立，許多既有的團體則累積出十、十五，甚至二十年的可觀歷史（我在紐澤西成立的第一個團體仍固定每週四晚上聚會，數十年如一日）。

我之所以如此不遺餘力地推動蘇式探問法，是受到我的希臘祖母的影響和啟發，她說我的「體內流著蘇格拉底的血」，還預測我有一天會在現代的情境中，與蘇格拉底在古雅典做著同樣的事。然而，我漸漸發現，儘管身具美國和希臘的雙重國籍，我其實是個世界公民。每當有機會與不同文化和世界上不同地區富有思想的人一起探問，都會擴大我對一個人還能如何變得更好的意識，並油然而生一種與各地民眾休戚與共的感覺。

蘇格拉底從未離開過雅典城邦，所以你真的可以說，相較於西元前五世紀這位備受尊崇的哲學家，我更是個世界公民。蘇格拉底被按上異端邪說和對神不敬的罪名後遭判死刑，雖有機會可以永遠離開他所鍾愛的雅典，逃離這個死劫，他卻拒絕放逐。他拒不接受，待著不走，最後在監獄裡自我了結。

但我不是。一個人之所以是世界的公民，不一定和他截至目前為止旅行了多少里程有關。畢竟也有許多旅行成癖的人走遍全球，回到家卻絲毫不覺與海外旅居時邂逅的人緊密相連。說到用蘇格拉底的方式做哲學性的思考，重要的是，在一路上我們以多麼強烈和真誠的態度，想透過豐富且深刻的探問，設法跨接人際的隔閡，繼而消除內在與外在宇宙的分歧，與萬事萬物、生物或非生物的整體性和唯一無二的獨特性，更加地一脈相通。

我敢說，就蘇格拉底的意義而言，「世界公民」是個不分過去、現在和未來的人，他對任何時候發生的事都有環環相扣的連結感，所以會更受激勵地憑良心行事，而我們每個人，則都能讓這個世界比自己生而為人以前更好一點（至於究竟要做哪些事情才能造就出「更好」，也可以衍生出一場美好的討論）。

蘇格拉底的事蹟能經千百年不衰，至今仍觸及世界各地的民眾並對我們宣道，絕非是個偶然。他適時、超驗又令人難以置信地大無畏的精神，力求讓全人類變得更富思考力、合理、有創意和想像力。倘使蘇格拉底得行其志，人類必在他的啟發之下，可不斷拓展領會、存在和行事的疆界，益發自主且共同地去創造這個世界。

二〇一七年

目次

第一章　什麼問題？

第二章

我在哪裡？

第三章

你需要的是誰？

第四章

它到底是關於什麼？

第五章
為什麼要問為什麼？

附錄

第一章

什麼問題？

我可以問你一個問題嗎？

——蘇格拉底

蘇格拉底咖啡館

「精神醫學強暴了繆思！」

這句突如其來的話把我從沉思中喚醒。我當時在舊金山一家藝術咖啡館，坐在庭院裡的一張旋轉椅子上，周圍大約有四十五個人，他們分別坐在有著金絲細工裝飾的長凳和椅子上。這是一個仲夏的週二夜晚，我們每週一次的特別聚會正進行到一半。我們試圖找出答案：「何謂精神錯亂？」

一開始大家舉了些具體的實例，接著衍生出的問題卻越來越多。希特勒瘋了嗎？還是當時的社會本身就不正常，而他只是順勢運用了冷酷與算計？傑克倫敦精神錯亂了嗎？愛倫坡怎麼了？梵谷呢？瘋狂是不是他們天賦異稟的關鍵？為了個人藝術而犧牲健康的人是不是瘋了？還是只是在揮霍清醒的本質？為了你所相信或不相信的事情而冒著生命危險，明智嗎？一個生意人整天做著自己討厭的工作是不是腦袋有問題？一個試著延長臨終病人生命的社會是不是很奇怪？一個浪費自然資源的社會是不是不太正常？架射數以千計的核子武器這種會毀滅整個星球的行為是不是太瘋狂？世界上還有心智健全的人，還是我們的宇宙本身就錯亂了？瘋狂的概念是如何與不合情理、特立獨行、精神失常以及發狂的概念連結在一起？有沒有可能同一時刻既是清醒也是瘋狂的？還是不可能不這樣？有沒有可能完全正常或完全瘋狂？什麼是決定某人或某事失常的標準？真的有精神錯亂這種事嗎？

問題，問題，問題。這些令人困擾、刺激、興奮、畏縮的各種問題，讓人暫時失去了理智。這種情形有時讓我以為腳下的地在震動，而那時並沒有地震。

歡迎來到蘇格拉底咖啡館

雖然時值盛夏，卻是個寒冷的夜晚，這並不打緊，庭院滿滿是人。這群由老披頭、商人、學生、店員、教授、老師、相士、官員與無家可歸者組成的哲學探索小組，擠在爬滿長春藤的花園裡。從某方面來說這裡有點像教堂的禮拜，只不過面對的是異教徒，維繫彼此的是對問題的熱愛，以及挑戰自己最珍貴想法的一種熱情。

這時大家的注意力都集中在一位身材修長、骨瘦如柴的男子身上，他剛才嚴厲抨擊了精神科醫師。不過，他是在一位精神科醫師權威地表示心智失常唯有倚賴精神醫療後，才展開攻擊。儘管這位精神科醫師對他貶抑其專業的評語頗為不快，不過，對方卻不為所動，一派冷靜。這個男子有一雙深邃的藍色眼眸，像是可以看到人的心裡一般；削瘦的臉龐帶著一抹不易察覺的微笑。他明亮的紅色髮絲整齊地梳向腦後，但還是有一撮不聽話的鬈髮落在額前。當大家注視著他時，四周只有噴泉的水聲。

「你的意思是？」我問他。「精神醫學何以是對繆思的強暴？」

我約略感覺到他希望自己的說法能引起大家的注意，但又不會受到討論與質疑。如果真是這樣，這裡就不是蘇格拉底咖啡館了。在這裡，我們承續著一種風氣，及單有堅持信念的勇氣是不夠的，還必須有接受挑戰的勇氣。

過了一會兒，他才把目光投向我。「柏拉圖把一種神性的瘋狂（divine madness）定義為『繆思女神附身』，」他審慎地選擇用辭，然後繼續開口：「柏拉圖說，在創作上乘詩文的過程中，出現這種瘋狂是絕對必要的，但精神科醫師卻想修正我們的行為，要我們變成一般人，他們要毀了我們的繆思。」

「我是個精神病學社會工作者，」一個男人立即插話。我以為他會對精神醫學的批評予以反擊，卻恰好相反，他微帶著悲哀的笑容說：「抗精神病藥物對人們的長期影響令我非常憂心。就如同精神病學家試圖『醫好』過動兒，因此給他們服用利他林（Ritalin）一樣，我想成人服用抗憂鬱劑Haldol、Zymexa以及長期使用鎮靜劑Thoraxine的次數這麼多，全是因為社會想要控制人類行為的一種慾望。一般行為是精神健康系統的神。對我而言，這是令人寒顫的事情。」

「與其讓他們毀了你身上的藝術細胞，瘋瘋癲癲的不是比較好？」這位瘦臉男子對這位意外的盟友問道。

「這是在正常與瘋狂之間，非此即彼的問題嗎？」我問，「難道我們就不能有一點點瘋狂，或稍微瘋狂，而不是完全瘋狂？在柏拉圖的《斐多》中，蘇格拉底說，清醒與瘋狂的結合讓靈魂理性地去思索，而我不知道對於藝術是否也是如此。難道我們不能把內在的瘋狂以一種可以讓我們更能接觸自己思考的方式來調和，而讓我們也因此變得更具有創造力？」

不過，我開始懷疑自己知不知道自己在說什麼。我似乎是最不瞭解清醒與錯亂有何不同的人。有一陣子，我一直都天真地想把哲學帶出校園，回歸各地「民眾」。通常，我幾乎完全免費地做這項服務，顯然我的作為被認為太過新潮、與眾不同、太脫離常軌、太過……瘋狂。我免費或只支領一點微薄的津貼，協助哲學討論，而我把這稱為蘇格拉底咖啡館。我去咖啡館和小餐廳；我到日間托兒中心、育幼院、小學、中學、高中和特教學校；我拜訪老人中心、療養院，以及看顧服務的住宅區；我還去過教堂、救濟院以及監獄。我在全國各地旅行——從曼菲斯到曼哈頓，從華盛頓州到華盛頓特區——從事哲學對話，幫助別人成立蘇格拉底咖啡館。我自行負擔所有的費用，再以其他的方式賺點小錢。我經常問自己：「這麼做，我是不是瘋了？」不過，這不打緊，我並不是要從中賺取利潤，這與金錢無關，這是一項使命。

首先，我成立蘇格拉底咖啡館並不是要去教導他人，實行蘇格拉底咖啡館的念頭是要讓別人可以教導我，事實上，我從別人身上學到的東西比參與者從我這裡學到的還多。每一次聚會，大家的各種想法，都讓我獲益匪淺。此外，你也可以說，這種瘋狂地追尋自我，讓我得以保持清醒，雖然這麼說似乎有點離譜，所以，我姑且說：我在尋找蘇格拉底。

終於，在人群中有許多手舉了起來，這次的討論開始也轉為熱烈，一如聚集了某種能量。一位手裡抓著軟呢帽的矮壯禿頭男子跳了起來。「我可以說是這個主題的專家，」他說。他那明亮的綠色眼睛像是從這個人舞到另一個人的身上。「光是今年，我就被送進精神病院三次，他們憑什麼收容我入院？他們憑什麼判定我精神失常？我知道，我是世界上最正常、最聰明的人之一。」他繼續站著。

他非常驚訝自己的言論沒有嚇到大家或被嘲笑，相反地，大家還問他一堆問題，希望知道他的故事。顯而易見地，大多數人其實是在問自己，「相較於一位被歸類為精神錯亂的人，還有誰更理解精神錯亂？」這迫使我思索一件事，還有哪個幾乎全由不相識的人組成的團體，會對一位才剛自稱被診斷為心智異常的人，想要有多一些瞭解，儘管他堅稱自己是遭誤診。

然後，他說了我聽過最難以忘懷且合理的話之一：「唐吉訶德是瘋子，不過他的瘋狂卻讓他永世不朽。西班牙哲學家烏納穆諾說，唐吉訶德的傳奇就在於……他本身。他寫道：『這個人，這個生物，這個不朽的人，值得所有理論與哲學來探討，』因為在某種意義上，他還存在這個世上，『與我們同在，他的精神鼓舞著我們。』我覺得，烏納穆諾對唐吉訶德的評語，放在蘇格拉底身上是更為真確。不同於唐吉訶德，蘇格拉底顯然曾一度和我們同在，而且是理性人類的代表。」

他停頓片刻，低下頭，接著，又抬眼看著大家說：「蘇格拉底把他自己留給我們，他留下來的是他的智慧與德行。他與我們同在，用他的靈魂開啟我們。」我們驚嘆地看著他。

然後，一個高雅女子問道：「蘇格拉底的心智真的那麼正常嗎？」她身上穿著紫色的綠色和平T恤，還有一頭紫色短髮。

「妳認為呢？」我問她。

「這個嘛，」她回答說，「當蘇格拉底被審問，以不敬神與腐化雅典年輕人而被視為異端時，檢察官曾暗示他，只要同意閉上嘴巴，就可免他一死。但蘇格拉底卻說，寧可死也不願停止發問。」

「他寧可選擇死亡，是不是瘋了？」我問。

「蘇格拉底說，沒有檢驗過的人生不值得活的，」她說，「所以，我想這對他來說並不是瘋狂。」

「我認為他瘋了，」一位頭髮散亂、腳踩涼鞋、身著夏威夷衫、頭上頂著歪掉的小圓帽，整體打扮看來不太搭調的男人說：「他的瘋狂引導社會走向文明。蘇格拉底是個典型的社會人，無論他去哪裡，他都會和他所遇到的人展開對談，試圖幫助別人更深思，更寬容，更理性。他沒有瘋，因為他的決定都是在他掌握之中，是有意識與理性的選擇，就算是結束自己生命也是這種的決定。雖然，以一般社會的道德標準來衡量，他是瘋了——不過，瘋得好。」

對於這個晚上針對精神錯亂的討論，我按照每回蘇格拉底咖啡館結束時的慣例，畫下句點：「這是值得我們繼續思考的事。」

然後……參加的人都拍起手來。他們是瘋子嗎？這場討論進行得很熱烈、踴躍，也讓人挫折，但大家的情緒卻很高昂。討論結束時我們發現的問題比得到的答案還多，什麼都沒有解決。那麼他們為什麼要鼓掌？我不知道，不過我跟著拍起手來。

尋找蘇格拉底

尋找蘇格拉底？我說的這句話到底是什麼意思？

很久以前，我就一直覺得，一種哲學的消失對我們的社會是一種損失，這是一種蘇格拉底與其他哲學家在西元前五、六世紀時所實行的哲學。它利用一種「每一個男人」和「每一個女人」都可以拿來使用的哲學探問法，並在過程中重燃孩童式的——但絕對不是幼稚的——好奇心。這種充滿活力、有意義的哲學，常讓許多好奇的靈魂比在討論進行之初有更多的疑問，但有時也能提供他們試驗的答案，這是一種反權威式的哲學，領導大家討論的人學到的通常比其他參與者從他身上學到的還多。這種哲學能認清問題往往比答案更能讓我們瞭解自己以及周遭的世界，這種哲學問題通常就是答案。

然而，幾世紀前，這種哲學因為各種意圖和目的，它消失了。誠然，十八世紀伏爾泰在他最喜歡的巴黎咖啡廳，那間以紅色天鵝絨裝飾得光彩奪目的波寇伯咖啡廳，開始了他修正自己對理性與人類自然科學發展的理念。兩世紀後，隨著納粹占領法國，沙特在花神咖啡館玻璃藝術燈下，發展出他的存在主義，然而，這些咖啡都只開放給那些知識分子，而這些人都以為自己有部分答案。似乎可以肯定的是，與這些喋喋不休的人不同，蘇格拉底並不認為自己知道答案，知識也不見得就是學者的專屬領域。蘇格拉底喜歡如是說，他毫不懷疑自己所知道的一件事就是，他毫無懷疑時，其實是一無所知，但是，與許多人以為的相反，蘇格拉底並沒有擺出一副終極懷疑論者的姿態。他並不是說，所有知識都無憑無據，而我們注定無法瞭解任何事。相反地，他強調自己經由努力追尋所發現到的真理，是不穩定且無從捉摸的，就最樂觀看來，也不過是短暫的：永遠都受制於新的發展、新的資訊與新的選擇。蘇格拉底覺得，每一丁點的知識、假設都應受到質疑、分析和挑戰，沒有什麼是可以一次就獲得解決的。

抱著這種精神，我成立了蘇格拉底咖啡館。唯一堅定且持續的真理，從我參加過的蘇格拉底咖啡館討論中呈現出來，那就是我不可能對一個問題徹底且全面地去審思、細查、深入及挖掘它，永遠有更多的東西可以發現，這點我稱之為「蘇格拉底化」的本質與魔力。

蘇格拉底咖啡館不一定要在咖啡廳進行，它可以在任何一群人，甚或一人小組所選擇的聚會地點，展開哲學性的探討。我們可以在餐桌、教堂、社區中心、山頂、療養院、收容所、老人中心、學校或監獄中進行。

可以在任何地方。

任何地方，任何時間，當你不只是想令人厭惡地重複所看過，或思考那些過去被學校老師視為哲學殿堂中無可爭議的尊貴成員，只要有人想要從事探討哲學，就可以自己舉行，不管是一群人還是一個人。

誠然，咖啡廳或咖啡館確實是舉辦「蘇格拉底咖啡館」最有成果的地點。剛開始聚會的規模通常很小，但隨著口耳相傳，後來都會有愈來愈多的人參與。大家常告訴我，他們都非常渴望有這種類型的討論：「權威式」的小組討論令人感到「厭煩」，但我可不那麼確定，就我看來，權威式的教育仍然方興未艾；事實上，在我協助進行蘇格拉底咖啡館的一家咖啡館，當我們在後花園進行討論時，咖啡館內塔羅牌算命師的生意可好的呢。有些算命師好像不太高興，因為有幾位客戶在排隊等候算命時，和我們一起坐在後花園，最後卻因為對我們的談話太過熱中，而退出等候算命的行列。

雖然他們的收入暫時短少，不過，塔羅牌這類的算命師無須對我的作為感到擔憂，因為他們失去的每位客人，都會有更多人等著補位。對非理性有興趣的人仍不斷地增加，上次類似的這種迷惑，曾導致古希臘與羅馬文明中的「理性的黃金時代」如曇花一現香消玉殞了。如今，數百萬人還在擁抱這種非理性的占星術，即便是軍隊指揮官與政治家——甚至是美國第一夫人——都常求助這種「方法」，預測重要的戰役、競賽或其他重大事件是否會有他們所希望的結果。我認為，現代對這種非理性的信奉，顯示出我們整體文明的理性程度，幾乎比不上羅馬指揮官檢視雞腸來預測未來的那個年代。某種程度上，理性的人竟然輕易地被誘導去注意那些有時間巧合卻獨立發生的現象，真是讓人驚訝，不過，我又想到西元四世紀希臘哲學家亞里斯多德，這位當今歷史上最偉大的哲學家之一，他身處一個信仰超自然的時代，也沒有因希臘公民普遍喜好非理性的事物而感到驚訝；有鑒於他對人性的觀察，亞里斯多德得到一個結論，他認為很少有人「能維持純理性的生活，即使極短的時間也不可能」。

古希臘文學者德持（E. R. Dodds）在《希臘人與非理性》（*The Greeks and the Irrational*）一書中寫道，在亞理斯多德的年代，占星學與其他非理性的習俗像「遙遠的小島上滋生的新疾病，傳到希臘文化的心靈上。」為什麼？「一百多年來，人類都直接面對著自身理性的自由，如今，卻轉身而逃，想逃離令人害怕的未來——占星宿命的制式決定論大過日常責任的恐怖負擔。」如今對自由的恐懼與逃離——這與害怕誠實面對探問有密切關係——並不單單只是與古代發生的情況相似，更確切地說，這其實是相同的恐懼與逃離。與其說我們現在經歷著過去的非理性，不如說這是我們內在非理性元素的再現——例如傾向在危險的基礎上建立信仰系統，喜歡破壞自我實現的癖性——這些都是人類構造的一部分。

是有辦法矯正非理性的，儘管它絕非完美，也確實無法熟練地處理。這種矯正方法可以讓我們更瞭解自己，更能克服自己的恐懼，並掌控我們內在的非理性，其中一種矯正法就是蘇格拉底咖啡館裡所用的蘇式探問法。愈來愈多人發現當中固有的樂趣，他們發現，蘇格拉底的方法可以發揮相當大的作用，幫助我們發現困惑的焦點，指出自我實現的新方向以及人類的希望，還能以非理性來教授辯論的要領。

蘇式探問法旨在幫助大家更瞭解自己、自己的天性以及超越自我的潛能。有時，它能幫助人們在資訊豐富的情形下，選擇你所要的生活，在較好的情勢下，更清楚地知道自己，更理解自己是誰以及想要的是什麼，它還能讓一個深思熟慮的人，清楚地說出自己獨特的生活哲學。並加以運用，接著，它亦能讓一個質疑的靈魂，更有能力無止盡地追求卓越的智慧。

不論大家在蘇格拉底咖啡館討論什麼問題，我們的對談就像蘇格拉底在柏拉圖的《共和國》

裡所說的：「不是一些機遇問題，而是一般人生活應有的方式。」討論不僅讓我們更瞭解自己是誰，更引導我們獲得生活與思考上的新方法，然後朝著我們想要自己變成怎樣的人前進。隨著問題的技巧愈來愈熟練，你會發現一個新的方式，來探討那些曾讓你極為苦惱的問題。接下來，你就會發現更多的答案，而這些新的答案又會引導出一大堆全新的問題，如此不斷地循環下去，但不是一種惡性循環，而是一個不斷向上擴大的循環，能不斷讓你對生活有煥然一新與充滿靈感的感覺。

不論我在哪裡舉辦蘇格拉底咖啡館，參與者都會組成了一個哲學探究的群體。我的蘇格拉底同伴永遠都充滿好奇心，不會輕易地被那些自以為無所不知的大師，或是心理學家的答覆所打發，那些心理學家總把心中的焦慮解釋為心理學的行為範例。參與蘇格拉底咖啡館的人對於提出有益且能夠引起回響的問題，比做出絕對的答案更有興趣，每個人都歡迎加入，幾乎所有的主題都可以加以辯論。我們一起在此道路上推展出令人訝異的想法。

你的想像力與好奇心所能提出的問題，才會限制可能性。問題不一定非得是「大哉問」，至少，大問題可能變成像是「何謂大哉問？為什麼會變成大哉問？」在數百個我所舉辦的蘇格拉底咖啡館中，我常發現一些出人意表的，表面上看起來微不足道或非主流的問題，卻可能是最值得鑽研與審思的問題。

隨著成為愈來愈熟練的提問者，以及發展出能終生對詢問藝術的強制興趣，我保證你會比以前更熟練地回答這個問題中的問題：「我是誰？」
惠特曼在〈藍色安大略湖岸〉的詩中寫道：

我是那個漫步美國說、有著諷刺之舌的男人，
向每個萍水相逢的人詢問。

你可能不想仿效惠特曼，以「諷刺之舌」來詢問每個遇到的人，但藉由成為一個更好的提問者，並且重燃你對詢問的熱情，你可能會對自己是誰，你會變成怎樣的人，你在哪裡，為何你是這種人，以及如何規劃自己的新道路，發展出更好的見識；也許你沒有發現你所希望的答案，但意外的發現、新奇的驚嘆，這都是探索過程中令人興奮的一部分。

新的道路或許正是發展哲學探問的旅程，也許是僅有的一條。經過第一次討論後，蘇格拉底咖啡館的新進者幾乎都會熱情表示：「我尋找類似這樣的討論會找了好久。」他們很快地就發現，從事我這種追求誠實的蘇格拉底式探索，為他們的生活增加了深度、意義與視野，提出更多更好的問題，將會帶給自己更好的自律。隨著智力與想像視野的擴展，你再也不會以相同的方式來看這個世界，以及你所處的位置。

與一般所以為的相反，你的問題愈多，你的立足點也就愈堅定，你對自己的瞭解也就愈多，

愈能為自己的未來規劃出一條有意義的道路。

這本書是我和各年齡層與各界人士——還有我自己，尋找蘇格拉底的經驗。這是我對我所愛的問題以及其他更多問題的再發現與推敲，這是追隨特斐爾神諭的指示：「瞭解自己。」它不是一本傳統的自助書籍，但很多地方都可以證明這是一本有用的書。我不會假裝自己是個老師，更不是什麼專家，然而如果我是個老師，那麼其他和我一起尋找蘇格拉底的人，也都是老師。

整本書的對話都相當真實，並沒有按照原本的順序來陳述，我從不帶錄音機參加哲學對談。在我下筆之前，書中所有的對話早就有充分的時間在我心中過濾、沉澱。當柏拉圖最後為後世把蘇格拉底的「原始」對話記錄下來時，必定增添了時間與想像所帶來的觀點；事實上，每個地方他幾乎都運用了相當多文學與哲學技巧以呈現更多的觀點，讓對話更真實且不受時間限制，也造就了蘇格拉底在某些人眼裡所謂神話的形象。

就跟柏拉圖的對話錄一樣，我們無法規避一個事實，即本書的對話與其所努力呈現的「真實即時對話」相較，可能有些增減與不同。最重要的是，隨之而來的對話，屬於一個偉大對話不可分割的一部分，這個偉大對話正在進行當中，而且沒有開始或結束。

我們就是蘇格拉底

莎拉．羅林斯來到我在加州聖布魯諾一間小學所舉行的哲學討論小組，每週我都會在那裡與四年級的學生見面。她揮舞者一張有點皺的紙，上面是她用鉛筆一行一行寫下來的文章。

一個星期前，在我們第一次聚會上，這位活力充沛的六年級學生問我：「蘇格拉底是誰？」

「你何不在下週我們碰面的時候告訴我蘇格拉底是誰？」我跟她說。

因此現在，也就是一個禮拜之後，當我們坐在學校圖書館內圍成一圈的紅色塑膠椅上，我問莎拉：「怎樣？蘇格拉底是什麼人呢？」

她照著她的作文唸道：「蘇格拉底是一位希臘的思想家，同時也是一位老師，他大約生於西元前四六九年的雅典，並於西元前三九九年死於當地。他唯一一次離開雅典，是在伯羅奔尼撒戰爭當兵的時候。他娶了燦蒂柏（Xanthippe）為妻，有兩個兒子。蘇格拉底曾經當過一陣子的雕刻家和石匠，後來開始對哲學產生興趣，他把剩下的生命都用來思考哲學，幾乎與每一個他遇到的人討論。蘇格拉底沒有使用一般的教學方法，也沒有開班授課，他既沒有講課，也沒有寫任何書，他只是問問題而已。當他得到答案後，就會問更多問題。蘇格拉底問問題是為了讓大家思考一下他們視為理所當然的想法。有些人對此大加稱頌，很快地就與蘇格拉底成為朋友，並長年參與他的哲學討論；有些人則認為，他把事物從宗教與倫理道德中抽離，只是想摧毀其固有的觀念。有一些和他很熟的年輕人變成國家叛徒，推翻了民主政府，雅典人起義反抗，殺了他們，回復體制之後，蘇格拉底被抓去審判，他被控向雅典人引介新的神祇，腐化年輕人的心。蘇格拉底不把這些指控當作一回事，也不要求寬容，因此他被判喝下毒液。自此以後，有很多人認為，這是一項不公平的判決，因為它否定了言論的自由；而有些人則認為，他理應受死，因為他的學生幾乎毀了雅典。無論如何，他的勇氣與獨立自主永遠受人讚揚。他最有名的學生柏拉圖，成了一位偉大的哲學家，並在他大部分的書中，讓蘇格拉底成為主要的人物。」

「好極了。」我說，我們都為她拍拍手。

彼得接著舉起手來。「我想，即使在所有人都想阻止的情況下，仍勇於不斷發問的人就是蘇格拉底。」他說。

「沒錯，」莎拉說。然後，這位初出茅廬的哲學探問者說：「我們就是蘇格拉底。」

蘇格拉底，何許人也？

依我來看，莎拉是對的。

在《西方心靈的激情》（*The Passion of the Western Mind*）一書中，加州綜合學院教授理查·塔那斯（Richard Tarnas）寫道，蘇格拉底「對知性誠實與倫理道德充滿了熱情，在那個年代或其他年代都罕見。他堅持尋找未曾被詢問過的問題，試圖打破舊有的假設與信念，以誘導大家更謹慎地思考倫理問題，並努力驅策自己和那些與他交談的對象，對如何追求美麗人生能有更深沉的瞭解。」不同於塔那斯，我並不認為蘇格拉底問的問題是以前從未被問過，而是以一種鮮少被嘗試過的方式，並將生命奉獻給特定的問題。而就像莎拉，任何只要以自己的方式試圖在言語與行為上追隨蘇格拉底的人，簡言之，就是蘇格拉底。

然而，你可能還是想要問：「蘇格拉底，他是誰呀？」因為大家都沒有明確的證據證明蘇格拉底確實存在過。就我們所知，蘇格拉底從來沒有為後代留下一字一句，就像耶穌一樣，當然，你可以把柏拉圖的對話錄拿來當作證據，書中這位被稱為蘇格拉底的人，被忠實地描述出來；此外，古希臘學者贊諾芬也提過蘇格拉底，而在亞里斯多芬尼士所創作的喜劇與亞里斯多德的作品中，也都分別出現過這麼一號人物。

雖然蘇格拉底的形象源自柏拉圖的描繪，但即使是在柏拉圖的著作中，也沒有確鑿的證據顯示，對話錄中的人物確如柏拉圖所言般地發生在現實生活中，其中有關人物的描述甚至比對話的部分少了許多。柏拉圖是個理性生活的哲學家，他也是劇作家、詩人、說書者，因此他的作品很可能有相當程度的創作。

我們也許可以同意，柏拉圖筆下的蘇格拉底對我們而言是真實的，而柏拉圖的對話錄確實呈現蘇氏的精神與要義。我們或許也可以同意，柏拉圖對話錄中的蘇格拉底，代表著某種特別的人物——他是去除桎梏、無所畏懼、誠實探究哲學疑問的人類代表；他代表了一個寧死也不願意封閉自己探問天性的人。

雖然我相信他真的存在過，也相信早期柏拉圖對蘇格拉底的描寫，或多或少呈現了「歷史上的蘇格拉底」，但對我來說，他是不是真的存在並不是最重要的事，更不用說他是否像早期柏拉圖對話錄中所形容的一般，他確實以一個我們永遠努力去實踐的理想人物的形象存在世上。我所談到的蘇格拉底，是知性正直的化身。

你或許覺得這個概念與柏拉圖描繪蘇格拉底的幾個版本相互衝突，其實我也是這麼認為。在部分的對話錄中，柏拉圖形容的蘇格拉底似乎是個引導別人說出他心中既有答案的，在某些情況下，他又好像故意讓那些宣稱自己知道「方向、真理和啟發」的人看來很差勁愚蠢。

如同我所稱的蘇式問答法其方式不斷地在演化一樣，我所尋找的蘇格拉底，是個未來仍有待探尋與發現的蘇格拉底，而非一個從歷史中被挖掘出土的人物。

何謂蘇式問答法？

蘇式問答法是以你自己的啟發來尋找真理的方法。

它是一種系統、精神、方法，以及哲學探問與知性技術的綜合體。

蘇格拉底本人從未詳盡地說明這個「方法」，但蘇式問答法卻以他命名，理由是，不管是從前或現在，蘇格拉底都是實踐哲學的典範——他把哲學視作行為、生活方式、誰都可以做得到的事情。哲學探問是一個開放的系統，容許個人從許多有利的觀點來質問。

普林斯頓的哲學教授弗拉斯托斯（Gregory Vlastos）形容蘇式問答法為「人文科學中最偉大的成就之一。」原因何在？他說，因為蘇式問答法讓哲學探問變成「一種普通人都可以做的事，也開放給每一個人」。它並不需要特定的哲學觀點、解析技巧，或是專業術語，蘇式問答法「要求的是一般常識與普通的言論」。因此，弗拉斯托斯說：「這正如它應有的形式，因為人類應當如何生活是大家的事。」

不過我卻以為，蘇式問答法超越弗拉斯托斯所描述，它不僅需要一般常識，還檢視什麼是一般常識。蘇式問答法質疑：今日我們的常識是否讓我們瞭解自我與人類的優點？或者時下所謂的常識，實際上是開發潛能的障礙？

弗拉斯托斯還表示，蘇式問答法絕對不簡單，「每個人不僅要有最高的心智警覺，」還要有「高度的道德操守，也就是誠懇、謙遜、勇氣。」因為不管蘇式對話有多麼縝密，如此的德行才能免於「帶有不負責任的放肆結論。」我同意，不過我會把誠懇的德行改為誠實，因為人可以有真摯的信念，但卻不需要檢視它，而誠實則需要把一個人的信念拿來一次次地審視。

蘇式對話顯露出我們對於每日運用的概念有著多麼不同的看法。它顯露出我們哲理的迥異之處，以及一系列的哲理是多麼的合乎條理，或者也可能是多麼的立論薄弱。此外，即使是最被普遍接受或習慣的看法，在蘇格拉底的檢視下，可能不只是顯露出我們對於任何觀念的意義，終究沒有普遍的共識；同時，每個人對於天地間每一個概念的採納方式，多少都有些差異。

還有，似乎沒有什麼概念會抽象到，或是問題會荒謬到無法在蘇格拉底咖啡館裡有效地進行探索。在蘇格拉底對談的過程中常會發現一個情形，就是有一些所謂最抽象的概念是與人類最深切的經驗有相當密切的關係。事實上，我的經驗是，幾乎任何問題都可以採用蘇格拉底式的方式探尋，有時你要冒險深入一下，才會知道什麼問題衝擊最大、最明顯。

不同於蘇式問答法的非系統詢問法是，持續嘗試探索分歧的意見，然後提出完全不同或另類的選擇。這種嚴謹與詳盡的探問方式，在許多方面和科學方法很相似，但不像蘇式問答法，科學詢問常讓我們以為無法測量的東西就無法研究。這種「信念」無法說明有關人類的憂傷與歡樂，痛苦與愛情等崇高的情緒。

與其把焦點放在外在宇宙，蘇格拉底專注於人類與其內在的宇宙，利用他的方法開拓新的自我領域，同時揭示其他錯誤、迷信與武斷的無稽之談。生於西班牙的美國詩人哲學家喬治・桑塔雅納（George Santayana）說，蘇格拉底知道「人類生命的前景必須是道德與實際的」，而且「對藝術家也是如此」——甚至對於一些會把他們的工作與人類存在層面分離的科學家來說，也是一樣。

學者將蘇式問答法稱為elenchus，意思即「反對論證」，這是探問和交叉詢問的古希臘文，不過這可不是隨便一種探問或檢驗，而是人類面對自己的方式，讓他們瞭解自己的意見。里德學院（Reed College）的理夫（C. D. Reeve）教授為「反對論證」下了一個標準的解釋，它的目的「不只是簡單地定義」道德這種事情，它還有「道德重整的目的，因為蘇格拉底相信，一般的哲學辯論比其他任何事能讓人感到更快樂，更有道德……探討人生哲理對人類幸福非常重要，就他而論，他寧可接受死刑，也不願意放棄思辯的行為。」

蘇格拉底檢驗的方法對於存在來說，的確是不可或缺的部分，但我不會誇大到說它確實應該如此，我也不認為蘇格拉底覺得經常使用這個方法，能「讓人更快樂」。蘇格拉底化的滿足感是有代價的——它也可能會讓我們變得更不快樂，更不確定，也更受困擾，但也更能發揮自己的能力。它讓我們有種自己終究不知道答案的感覺，而我們在尋找答案的過程中也會比參加蘇式對話前更瞭解一切，然而這卻是令人滿足、有生氣、令人謙卑且困惑的。我們可能會離開蘇格拉底的咖啡館——我們多半會離開這裡，以一種讓人頭昏的感覺，使用很多比我們以前想像還多的方法、真相和啟發，來檢驗所有的想法。

在《快樂的科學》（*The Gay Science*）一書中，尼采說：「蘇格拉底所有做過的、說過的，以及沒說過的，令我讚賞他的勇氣與智慧。」尼采原是十九世紀傑出的古典語言學家，後來他拋下學術同道，轉而推崇一種英雄個人，這類人物會創造出肯定生命的權力意志（will to power）倫理。尼采把這種人物稱為「超人」，而在他超人學說的著作中，他稱頌蘇格拉底是「心靈的天才……他知道如何探索每一個靈魂的深處……他教人聆聽，他平撫莽漢的靈魂，讓他們體驗新的感受……他悟得那些被隱藏遺忘的寶藏與美德……他所接觸過的每個人在離去時更富有，不是發生恩典也不是驚訝，並不是因為受到對方良善的祝福和壓迫，而是本身就會更富有、更開放……也許不那麼確定……卻充滿無名的希望。」尼采形容蘇格拉底是個能深入別人靈魂深處的人。我卻恰恰相反，我認為，蘇格拉底能讓那些想和他對話的人，進入他們自身的靈魂深處，創造他們自己肯定生命的道德標準。

桑塔雅納曾表示，他絕不會採納一種日常生活無法信服的哲學。他認為交談中提出不同於生活中的觀點就是不誠實，甚至是沒勇氣的行為。但是一個人的哲學觀點與人生看法並沒有清楚的分野，它們是重疊且同質的觀點，除非我們和別人交談，否則很多時候我們幾乎都不知道自己日常生活的信念為何，同樣地，為了發掘我們的哲學觀點，我們的觀點會隨著對話而形成、改變和演化，這是真正發現我們哲學特色的唯一方法。有時候，人們會說一些自己和別人無法做到的事情，每個人在世上的行為，某方面會與別人所持的觀點相反或不一樣。舉例來說，存在主義重要的創始者丹麥哲學家齊克果（Søren Kierkegaard）寫過一篇有關蘇格拉底諷刺觀點的學術論文，文中即使用蘇式法則，而他也常用筆名與自己的立場進行辯論。此外，十六世紀的評論家蒙田（Michel de Montaigne），他被稱為「法國的蘇格拉底」，亦是歐洲現代的懷疑主義之父，他會在同一篇作品，添加衝突甚至是矛盾，而且就跟蘇格拉底一樣，他相信真理值得人類冒死追尋。

蘇式問答法強迫大家「面對自己的教條」，這是德國哲學家雷納爾德・梅爾森（Leonard Nelson）所說的。在納粹主義興起前，他寫的一直都是倫理和知識理論的主題。梅爾森表示，參與蘇式問答法的人實際上是「強迫自己自由」，不過，這些人不僅是面對自己的教條。在蘇格拉底咖啡館進行的過程，他們可能還要面對其他人對自己所提出的一連串假設、批判、推測和主張，而這些都是對某種教條的認同。蘇式問答法要求大家面對這些教條，誠實、公開、理性地去詢問一些問題，像是：這是什麼意思？贊成和反對的是什麼？有什麼更合理、更能維持下去的方法嗎？

在蘇式對話當中，堅持每位參與者都要周密地說出自己獨特的觀點哲學，這種強迫面對的負擔可能會讓人坐立難安，但這些都是好的。如果從未能以一種奇妙與令人喜愛的方式，觸動人心，讓人煩亂，或是精神上受到挑戰與困惑，那這就不是蘇式對談了。這種「強迫」讓我們瞭解別人的各種經驗，不管是藉由直接的對話，還是透過其他的途徑，例如戲劇或書籍，或一件藝術作品，抑或是一支舞蹈，它讓我們不得不探索可能彼此衝突的觀點。

謹記這種精神，如果你曾經想要在蘇格拉底咖啡館提出這類的問題：我們要如何才能克服疏離感（alienation）？首先你就要面對這個問題的前提。你可能要先問：疏離感是不是我們永遠都想克服的？比方說，莎士比亞和歌德可能就是接受自己的疏離感，所以才能寫出曠世鉅作。果真如此，那麼你可能又要問：是否有許多不同種類與不同程度的疏離感？視情況而言，你想克服的是哪一種？你一點都不在意的是哪一種？為了有效地回答每一個問題，首先你必須先回答下列這些問題：何謂疏離感？克服疏離感是什麼意思？我們為何老是想克服疏離感？疏離感的種類有哪些？連結每一類型的標準或是特性是什麼？有絕對的疏離感嗎？而問題還不只這些。

那些受蘇格拉底哲學探問法影響的人可能會發出更多疑問，他們不會永遠都沒有問題，或沒有新的發問方式。一些熱中蘇格拉底咖啡館的哲學家，對我而言，就是問題的化身。

一個人的對話

近午夜，我剛結束一場在瘋狂馬格達蘇俄茶房的蘇格拉底咖啡館，現在正在回家的路上。這是我在舊金山市中心一棟混合式建築的第二次蘇格拉底咖啡館，每次參加的人都超過五十人。每次我都注意到，有些人是獨自前來參與我們的討論會，他們和在場的其他人好像都不太熟，不過等討論結束後，許多人會自成小組，像朋友般地交談。上個星期，在討論過「怎樣才夠？」這個話題之後，我加入了其中一個小群體，但這一週，在熱烈討論結束之後，我隨同約莫十名左右的參與者，也匆匆告退。討論後，我心中充滿了許多問題，我想單獨地思索。

今晚，我們探討的問題是「為什麼要問問題？」之前，大家已經先拋出一些問題，諸如「有所謂人類的天性嗎？」「人類的天性是什麼？」「什麼時候不值得活下去？」「什麼是超然存在的天性？」「人類的天性會因為時間或文化的差異而不同嗎？」一位髮長及踝、引人注目的少女突然問了一句：「為什麼要問問題呢？」她先前一直和朋友聊得很高興，這時，我們一致轉向她，她帶著蒙娜麗莎般的微笑看著我們，彷彿在等待屬於她的時間，她似乎也知道我們會選擇她的問題，而我們也真的這麼做。

為何問問題？也許我們別無選擇。美國哲學家、教育家兼社會改革者約翰・杜威（John

Dewey）曾指出，蘇格拉底說人類是「問問題的動物」，我們「必須尋找出事情的理由，不能只是因為習慣與權威而接受它們。曾任加州大學爾灣分校哲學系主任，傑拉西蒙斯・贊諾芬・桑塔斯（Gerasimos Xenophon Santas）對柏拉圖早期的蘇格拉底對話錄有過研究，他也表示，「蘇格拉底永遠都在問問題，他用問題和別人打招呼；他用問題教導與反駁別人；他留給別人的問題是——事實上，他是用問題與他人談話。」即便蘇格拉底不說話時，他似乎也和一位想像中的對象在「進行一場無聲的問答」。至少對蘇格拉底來說，除了問問題，好像就沒有其他的選擇。不過就大多數成人而言，就必須自己做出這個決定了。

「為什麼要問問題」，這個問題可能是所有蘇格拉底咖啡館討論的問題中，最難回答的問題。首先，為了要回答這個問題，我們必須瞭解我們共同認知的「問題」，它的定義，它是什麼，它能做什麼。

大多數參加這次對談的人似乎都理所當然地認為，我們完全瞭解問題的概念，可是從差異極大的反應來看，每個人對問題精確的定義和目的卻有相當不同的認知。

一位坐在離討論小組有點遠的女人認為，「只有在已經知道自己想要的答案是什麼時，人才會發問。」她明亮的金色鬈髮半掩在一條淡紫色變形蟲花樣的頭巾下。「例如，」她接著說，「如果一個女人問你：『我的髮型如何？』如果看起來很糟，她可不會希望你告訴她真相，她希望你說的是：『看來好極了。』」

無可諱言地，很多人都不同意，相反地，他們認為，人只有在不曉得答案時才會發問。「人類因為好奇疑惑才問問題，」一個聲音刺耳、眉毛非常彎、長得非常結實的男人說。在討論還沒開始之前，他就不斷攪拌著咖啡，但直到現在卻一口都還沒喝。「我不知道有誰會去問那種自己想要什麼答案的問題。」

那名女子並不理會，並說：「大家都知道，好奇和疑惑總會惹來麻煩，」不知為何，她一直把手指弄得劈啪作響。「所以，如果他們不知道，或不是很確定知道答案是什麼，他們就不會問問題。」

「我想，在某些情形下這可能是真的。」那位提出為什麼要問問題的苗條少女說道。她那麼專心地在和朋友說話，一點都看不出來她有在注意大家的談話，沒想到每個字她都有聽進去。「但是，一般的情形呢？」她又說：「如果我們只問已知答案的問題，我們怎樣才會有新的發現呢？」

「這是一個別有用意的問題，」鬈髮女子回答。「如果我不同意你的說法，」她交互地望著少女和那位身材結實的男子說，「你會認為我只是堅持己見而已；如果我贊成你剛才說的，你又會覺得我已經知道自己的錯誤了，你已經說服我了。這就像是問一個男人『你是不是停止打老婆了？』一樣，沒有很好的方法來回答。如果答是，你該死；如果答不是，你還是該死。」

少女看起來很困惑。「我不明白你剛才說的和我的問題有什麼關係……」話還沒有說完，她的朋友就插嘴說：「許多科學家發現了問題的答案，可是這些問題甚至沒有人問過，像是意外地發現盤尼西林。雖然當時問的問題，是完全不同，卻有了這樣的發現。所以，問問題是為了要做實驗，而且有時候還會有意想不到的答案。」

「最危險的事之一就是不問問題。」一位電子工程師說。他身上暗沉的衣著和臉上的表情很搭配。「這樣會自我設限，造成封閉的心靈與封閉的社會。」

「你說的讓我想起喬瑟夫・海勒《第二十二條軍規》裡的約瑟連，」另一位參與者說。「他被形容為『好問題的收集者』，他藉此『榨取』別人身上的知識，可是他在美國轟炸機中隊的長官，總是在他開始發問時要他閉嘴，因為他們認為『人一旦覺得可以自由地問他們想問的問題，就不知道他們會發現什麼。』約瑟連的長官認為問題具有破壞性，要不計一切代價加以避免，因此有位上校就制訂了一個規矩，只准沒問過問題的人發問，有時候我會懷疑，《第二十二條軍規》可能就是我們的未來。」

那天晚上，一個缺乏自信、又有點過分講究的年輕男子發表了最後的評論，他戴著一頂紅白相間的帽子，身上穿了件褪色的T恤。不管蘇格拉底咖啡館在哪裡舉行，他總是會出席並問一些非常尖銳的問題。「我們看起來像不像是整晚什麼都沒做，只是一直問問題？如果我們可以試著回答其中一個問題，可能會比較瞭解我們是誰？」他問道。對我來說，他的見解像是很正確，而從許多人臉上深思的表情看來，來參與者似乎大多都有這樣的感覺。

討論結束了，我現在渴望獨處，好仔細思考他所提出來的問題。開車回家的路上，我問自己：「最近我有問過自己什麼問題嗎？」

我突然想到一個一直揮之不去的問題……我怕什麼？通常好像是害怕阻止人們問他們自己或別人問題。開始舉辦蘇格拉底咖啡館前，我害怕孤單。我做夢也沒想到，如今，蘇格拉底式的探討竟然流行了起來，一直有人需要我，每週我都會到咖啡廳、療養院、學園以及大專院校進行十場以上的哲學討論，現在我反倒害怕沒有足夠的時間獨處。因此，我開始珍惜在蘇格拉底咖啡館後一個人的時間。經過激烈的討論後，我更喜歡完完全全的孤獨。

可是今晚，我一打開公寓的大門，電話就響了。

「喂？」我希望這只是一通電話推銷，那麼我就可以很快地掛斷電話。一個幾乎快要聽不見的聲音在另一頭說：「今晚，我去了蘇格拉底咖啡館，我希望這通電話沒有打擾到你。」

「當然。」我不是很有說服力地說道。我在心中記下一個沒有登記過的號碼。

「討論會時，我都沒有說話，」她接著說，聲音有點遲疑。她沒有告訴我她的名字，我也不想問。「我只是不喜歡在團體中講話。」

「這沒有關係，」我說，「也許你有注意到，我從來不指定任何一個人，讓他們覺得自己非說話不可，你可以只是來聽；事實上，我發現有些常來參加蘇格拉底咖啡館的人，經常『只是』來聽別人說話而已。」

她停頓好長一段時間，我幾乎以為她已經說完話了；事實上，我希望我已經說完我需要說的話，然後趕快結束這場對話。可是，她又開口說了：「我打電話來是因為我想知道，我是不是有可能自己與自己進行一場蘇格拉底咖啡館。」

一個人的蘇格拉底咖啡館？一場只有一個人的對話？

「當然，」我告訴她，「絕對可以。」

「怎麼做呢？」她立即問道。

「我想你一定時常自己進行蘇格拉底咖啡館。」我說。

她無聲。

「我真的不認為，在蘇格拉底咖啡館公開地對話，和我們常與自己進行的內在對話有什麼不同。」我說。「哲學家漢娜・鄂蘭（Hannah Arendt）曾寫道，蘇格拉底『公開思考的過程——在我內在，我與自己進行的無聲對話。』我覺得事情差不多就是這樣。」

「我猜你一直都在問自己問題，」我又說，「你不只真心地想回答這些問題，你還想從不同的角度和看法來檢視答案。舉例來說，我猜你不知道，你多常問自己是誰，你想變成誰，並且試著提出許多『答案』。」

「唔……」她說，「我想你說的滿接近的，」她在電話的另一端靜默下來，不過我通話的對象終於又開口說道：「最近晚上我都無法入睡，因為我不斷在問自己：『生命的意義是什麼？』」她又停頓了片刻才開口。「實際上，我沒有那麼常問自己這個問題，而是問題自己浮現，但我好像無法做什麼才能讓問題消失不見，就算我試著回答也沒有用。」

她又停了一下。「我想我應該說詳細一點，」然後她說，「我姪女幾個月前因為血癌過世了，她只有十四歲，是個很有天分的小孩，所有表現都很優異，身邊的人都說她和我很像。小時候，大家都說我的前途無量。我喜歡研究每件事情，精通每件事物，以至於我從來不明白自己想做什麼或想成為怎樣的人，可是……呃，我想人生是沒有『可是』的；總之，事情變得無法解決，後來，我十九歲時結了婚，由於我先生不希望我工作，我就輟學，十三年後，我們離婚了，現在我只是個記帳員。我覺得……我不知道我到底有什麼感覺：我不想再談這些了，我只想問『人生的意義是什麼？』這個問題一直跟著我，所以我最近睡得不多。」

有一陣子，這個女人沒有再和我說任何話。我想，她和我有同樣的感覺，在我們的交談中，歇息一下是令人愉快的，甚至是需要的。「可是，我不是真的知道……」她想了一下。「如同我剛才說的，對於『人生的意義是什麼？』這個問題，我從來就沒能想出任何令人滿意的答案。」

「不，不是這樣，」她嘆了口氣。「回答這個問題時，我甚至不知道要怎麼起頭。」

「也許你問問題的方式不對。」我說。

「你的意思是？」

「也許，」我說，「在你試著回答你所提出的問題或自行浮現的問題以前，也許你需要先提出並回答其他問題。」

「例如？」

「例如，『我談的是誰的人生？』當你在談『人生的意義是什麼』，是因為它和你的人生有關？如果是這樣，你要明確地說出來。」

「我想我真正想問的是，『什麼可以讓我的生命有意義？』」她說。

「就是這樣！」我說。我很驚訝自己對她發現問題的『新方式』，感到如此熱切，尤其是，我本來不是很想要說話，但是蘇氏對話經常鼓勵我、讓我恢復精神這一點，我卻不覺得訝異。我不再為了獨處，而急著掛斷電話。「這個問問題的新方式可能會給你更有希望的答案。」

然後她說：「喔！不！」

「怎麼了？」我擔心自己不慎冒犯了她。

「我問問題的方式無法解釋我所謂的有意義，所以我想到更好的方式來問這個問題了。」她聽起來有點愧疚。

「好極了！」我對於她已經成為一個比較有判斷力的提問者印象深刻。「說來聽聽。」

「我想我真正想問的是『我要做什麼才能讓我的生活有意義，讓我生氣蓬勃，甚至讓這個世界至少成為好一點的地方？』」她的語氣越來越有精神，她甚至很興奮地分析問題，對她來說，問題本身就是一種領悟。

「這個問題很好，」我告訴她。「我不知道答案，不過，我想你一定可以找出答案，現在你已經找到方法了，而且我相信你一定可以循著這種問法，提出更多問題與答案。」

她好像鬆了一口氣。

我接著又說，「以我看來，無論你問自己什麼問題，一個人或與其他人一起，只要盡可能地回答，你就能試著更瞭解自己。自我瞭解可以自我超越，讓你生活有新的展望。你可以用一個新的展望、有利的觀點，明白自己所處的位置，如此可進一步地瞭解自己的心靈，而發掘心靈就像發掘一個新的宇宙。」

「再者，新問題可能會有新的發現，」我繼續說下去。「對你的生命可能會有巨大的影響。回答像你現在所提出的問題，需要運用你的想像力，需要大膽地思索如何選擇自己人生的目標與生活方式。它需要你冒險去思考。然後，會有更艱難的工作，其中包括採取具體的步驟，讓你的想像成真。」

「我明白你的意思，」她說，「至少我認為我明白。」她大聲地笑了好一陣子，這是她第一次不那麼忸怩害羞，她很興奮。她說：「一直到現在，我都不知道自己之所以這麼沮喪，完全是因為沒有用正確的方法去探尋富有意義的答案。」

「探尋問題的人生沒有捷徑，」我說，「我認為探問的人生在許多方面就是蘇格拉底所說的『經過審思的人生』。這是一件困難的事——試著找出新的、更好的方法，努力地探問那些讓你最困惑的問題，如此你便可以獲得更有意義、更豐富的答案。」

「但是要這麼做，你並不需要自己以外的團體，雖然它偶爾可能幫得上忙。除了蘇格拉底咖啡館這類社團，還有其他許多新興的社團，例如，世界文學『社團』。我知道藉由讀一些像是福特的《好兵》（*The Good Soldier*）、穆西爾的《沒有品格的人》（*The Man Without Qualities*），以及布洛克（Hermann Broch）的《無辜者》（*The Guiltless*）這類書，我可以發現許多人類天性的觀點，這是其他方法所無法發現與獲得的好處，而這些觀點幫助我發現生命中更多的意義。」

「杜斯妥也夫斯基的《地下室手記》（*Notes from the Underground*）、埃利森的《隱形人》（*Invisible Man*），還有卡內蒂的《奧托達菲》（*Auto da Fé*）對我也有類似的影響，」她回答說，「閱讀這類書籍讓我質疑自己和一般人的人生；如果沒有讀這些書，我恐怕永遠也不會有這些疑問。」

「你知道嗎？你已經比你所察覺到的還要更往前一步了，」我一邊告訴她，一邊想像她的長相以及臉上的表情。「問問題可以讓你去實驗各種看待事情的方法。」

「當我用『人生的意義是什麼』這句話所衍生出來的各種問題詢問我自己時，我就是這麼做的。不管我用什麼方法有系統地陳述這個問題，我都不是只想立刻得到一個明確的答案；相反地，我還會試著找出幾個不同的觀點，一些有可能的答案。極盡挑剔之能事後，再問我自己，

『贊成這些觀點以及反對這些觀點的原因，各是什麼？』」

「事實上，」我繼續說：「『如何讓生命活得有意義』這個問題所衍生出來的其他問題，我曾用了好幾年的時間來尋求答案，後來我才瞭解，對我而言，唯一的人生就是成為像強尼蘋果籽（Johnny Appleseed，本名John Chapman，是美國早期沿著拓荒者路線種植果樹，一路種到印第安納州的傳奇人物）那樣的哲學家。我的問題花了好多年才有成果，而在我有了試驗性的答案，並將想法轉化為行為時，所耗費的時間更久。不過一旦我展開這段旅程，我就不想要放棄，而我的人生已經邁向最令我振奮的方向。」

我終於停下來喘一口氣，我說太多了。當我在等我的匿名通話對象是否還有別的話要說時，我了解到，就我個人的自我探問而言，這次的對話讓我更為專心一志。

「你知道我要做什麼嗎？」她最後說道。不等我回答，她就說：「我要先替自己泡一杯咖啡，然後坐到後陽台，把今晚剩下的時間都拿來思考『人生的意義是什麼』這個問題的問法和答案。」

她的聲音不再膽怯遲疑，我幾乎可以聽到她的笑聲。在我還來不及跟她說再見時，就聽到喀拉一聲，接著就是嗡嗡聲，她已經掛斷了電話。我懷疑她根本沒有注意到自己做了什麼，畢竟這一切對她而言都只是個開始，她還有很多蘇氏探問要做。

我也是。

第二章

我在哪裡？

尋找我自己。

——赫拉克里特斯
（西元前六世紀希臘哲學家）

錯誤檢驗的生活

「為什麼你要成立蘇格拉底咖啡館？」

問我這個問題的是位一手抓著行動電話、大眼睛的迷人女子。雖然室內挺暖和的，她一直沒有把厚重的藍色羊毛外套脫掉，一副好像隨時要走人的樣子，我在紐澤西韋恩的邊境書店舉辦第一次蘇拉格底咖啡館，而她是十八個好奇前來參與的其中一人。一個月前，我向這間書店的「社區關係協調人」提出，我想以昔日蘇格拉底對談的方式辦一個座談。

當我告訴她，我想利用書店的咖啡廳進行哲學的小組討論時就深受她的鼓勵，我很高興她第一個反應就是「哇！」的一聲，接著馬上問我，「你要怎麼稱呼它？」

好問題。我從來沒有想過研討會要叫什麼，我只想到我要在咖啡廳辦一個哲學討論社團：我只知道我們心中的蘇格拉底需要一個咖啡館。「就叫蘇格拉底咖啡館吧！」我說。

所以，現在我們就在書店的咖啡廳裡，三張方形桌併在一起，而我則坐在中間的凳子上。

「這個嘛，簡單地回答你的問題，我之所以成立蘇格拉底咖啡館，是因為我同意蘇格拉底所說的『未經檢驗的人生是不值得活的』。」我對那位問起蘇格拉底咖啡館緣起的女子說。她臉上的表情既批判又存疑。「他所謂『未經檢驗的人生不值得活』是什麼意思？」

「你認為他的意思是什麼？」

「我不知道，」她說，「多年來，我總是過度地檢視我的人生，心理醫師一個一個換。我想，我如果從來沒有檢驗我的人生也許會好一點，這些年來，精神治療並沒有讓我的日子過得好一點。所以，如果蘇格拉底說，只有經過檢驗的人生值得活，我真的不知道他知不知道自己在說什麼。」

「我想，蘇格拉底指的是，哲學上的檢驗人生。」一個看來倔強率直、鬍鬚不整的男子說道。他的位置離桌子有點遠，一副想要和別人保持距離的樣子，他習慣神經質地轉動雙手的大拇指。

「什麼哲學上的檢驗人生？」我問。

「就是一個你無時無刻都在問『我是誰』的人生。」白色長髮綁成一束馬尾的男人說，他語氣溫和，褐色的雙眼看起來很疲倦。他剛加入大家的討論，手上拿著一本柏拉圖的《對話錄》，裡面還以折頁作為記號。

最近剛從陸軍軍官退役的男子接著說，「我認為檢驗人生沒有意義，不管是哲學上還是其他方面都一樣，事後看問題總是最清楚的。如果你一直把時間用來思考過去，你就無法活在現在，我哥每天每一秒鐘都在後悔過去沒有做的事，這有什麼好處？它無法改變任何事，只會讓他沒辦法過活而已。」

有一位在整場討論中老是帶著緊張微笑、體型瘦小的男人，突然收起笑容，搖著頭說，「我不認為檢視人生是沒有意義的，」他說，「但如果你不檢視你的人生，你永遠無法改變，這是要讓你從今以後的人生更充實。你要看看自己做過的決定，並自問下次如何能做得更好，並不是要讓自己有罪惡感或對自己太嚴苛，而是要讓今天更有意義。」

「那麼，」我說，「我可以告訴你們，檢驗人生並不一定能讓今天更有意義。只是審思過我自己的人生之後，我發現不值得再那樣過下去。」

他們要我繼續說。我接著告訴這群陌生人，在決定成立蘇格拉底咖啡館以前，我個人與職業的人生對我都不再有意義，許多我最親近和最親愛的人可能對此感到非常驚訝，他們大多非常羨慕我的生活。我擔任全國性雜誌的作家已經十幾年了，我常常旅行，遇到許多很有魅力的人，然而，我的內心深處並不快樂。我常常問自己，「為什麼我無法像一般人一樣接受工作不見得都會令人滿意的事實？為什麼我就不能接受多數的成年人，最後都會放棄年輕時理想抱負的事實？我給自己的答案總是一樣：因為人生並非彩排。我應該去做生命中真正想做的事，不顧風險，或是因為風險而放棄。我的人生哲學一直都是盡情地生活，熱情地愛，但我沒有這麼做。雖然自由作家的人生很緊張又不穩定，對我而言，這種工作還是太保守了。長久以來，我都處在那種『如果……』的誘惑世界，陷入對未做之事的後悔中，也沒有花時間試圖改變當時的生活。尼采說過，一個人應該努力活得危險一點，而我認為他的意思指的是，人生不應該因為危險而遲疑。我過去經常很想冒險，卻一直沒有去做。」

我繼續告訴大家，「絕望時，我會自問：『蘇格拉底在哪裡？』」

這時，有些人的表情很迷惑，有些人的表情很好笑。我微笑著說：「我知道大多數人絕望時不會問自己這種問題，不過這是浮現在我心裡的問題。而我的意思是『我內心的蘇格拉底在哪裡？』或者換種說法，『我與問題之間純真的親密關係怎麼了？』」

然後我說：「我有個概念很久了，就是想要辦一個復興蘇格拉底的社團——一個問問題的社團，但是我總是自我設限，我老是有一些藉口不去做。可是直到有天，我已經到了實在無法再繼續生活在這種謊言裡的地步，我的藉口已經用光了。」

我望著所有參加者，他們都很專注地看著我，我說：「而這就是家之所以在這裡的原因。」

「因此，狗屁倒灶的事有時就是會發生，由於這些狗屁倒灶的事，你會想自殺，」有位頭髮像稻草的少女說道，她擦了與頭髮顏色相配的橘色口紅，身上好多地方都穿孔掛環。「有時候，你會努力地改變生活，讓日子值得過下去。」

我微笑著。「差不多就是這樣。」

手裡拿著柏拉圖對話錄的男人說：「每天我都問自己，『我的人生是否有價值到不用自殺？』」他現在除了夏季與耶誕假期為UPS快遞公司工作外，其他時間都在環遊世界。「這是唯一值得我過下去的生活。」他說。

開場的那位女子說，「我是一家企業的主管，有六位數字的收入。我很成功，可是大多數時間我真的不快樂。不過我必須說，今晚來這裡，以一種在公司或在家裡，或是去看心理治療師等都沒有機會用到的方式動動腦，讓我覺得……好一點。」有幾個人也點點頭。

隨著談話的進展，一位身材瘦長的年輕男子慢慢地把座椅挪向大家，他原本坐在我們外頭的桌子上，一邊閱讀杜斯妥也夫斯基，一邊聽我們的對話。他開口說，「我認為蘇格拉底說『未經檢驗的人生不值得活』時，真正要說的並沒有這麼多。我想你不可能不審思你的人生，只有動了腦葉切除手術的人，才可以不審思生活就繼續過下去。對我而言，問題並非我是否該檢視我的人生，而是我該如何檢視它。」

「我同意，」我說，「不過，到目前為止，在審思『何謂檢驗人生』，我們談到的都只是自己的部分，但這並非全部，不是嗎？我的意思是，如果我們真的要從不同的角度來檢驗人生，難道我們不需要檢驗自己外在的人生嗎？如果我們不試著瞭解外在的宇宙以及內在的宇宙，我們要如何瞭解我們自己？」

「人類嘗試從許多角度檢驗生活，」一位熱心的年輕女性說道。討論開始前，她就告訴我，她已經獲准進入哈佛的哲學博士班，但她不確定在學校裡面研究哲學是不是她自己所要的。「因為每次一有新的發現、新的理論，或新的發明，我們就對自己是誰和有什麼能力，有更深的瞭解。我認為哲學與科學的不同在於，科學是變動的，羅傑・史庫頓（Roger Scruton）寫道，『從被觀察的，到不被觀察的，到無法觀察的』，科學無法探討『為什麼』這個主題，這是哲學領域的問題。然而，談論為什麼，我們就會開始尋找其理由與意義。探討個人或尋找美好的人生，都無法以科學來檢驗。檢測人生唯有挑戰哲學。我認為蘇格拉底對於面對這個挑戰，做得比任何人都要好。」

「你們知道我是怎麼想的嗎？」在咖啡廳工作的女人說。整個討論過程中，她嘴上一直叼著一根沒有點燃的香菸。她從嘴裡取出香菸，然後對我說，「我認為，只有盡可能地從每方面來檢驗人生，才能說是以哲學來檢驗自己的人生。」

「盡可能每一方面？」一個穿著鮮黃色風衣、上面寫著赫茲租車字樣的男子以批判的態度問道。在大家對談時，他一直裝作在翻閱《時人》雜誌。「我不認為有可能，我也不認為有必要。

比方說，你要如何知道自己已經『盡可能地從每方面』來檢驗人生？就算你做得到，難道你不會被這樣的努力所淹沒，忙著『盡可能從每方面』檢驗你的生活，以至於永遠無法過生活？」

這番評論讓那位咖啡廳職員停頓了一下。她審慎地選擇用詞，然後說，「我想我要說的——而我沒有說得很好——就是我們在這裡所使用的人生檢驗方式，似乎需要把自己開放給新的檢驗方式，我的意思指的是新的洞察力、新方法等等。我想這是蘇格拉底試圖想塑造的方法，也是亞里斯多德與其他人因自己的用途和興趣所採取的方法。」

「我想你是對的，」男子合上雜誌說道，「也許我們不應該期待自己做得比在這裡做得還多。」

這裡，這裡！

然而……「這裡」是哪裡？是什麼？

大多數我遇到的探索者似乎常常在問：我為什麼存在於此？另一種問法是：我在事物體制中的定位是什麼？還有一種說法則是：為什麼我會在這裡？

被視為近代哲學之父的法國數學家笛卡兒，試圖把數學方法擴大運用到所有知識來解決問題。正是他的思考能力，讓他斷言事實上他就在這裡，因此導出他著名的格言「我思，故我在」。十八世紀德國哲學家康德則有相當不同的看法，他的「批判哲學」有深遠的影響，即思想不一定要遵循外在世界，相反地，人類認識的世界僅止於與人類心靈結構相等的部分。對康德而言，最重要的是他為何在此，在他所著的《純粹理性批判》（*Critique of Pure Reason*）中，康德試著闡明這個理論，他欲藉著三個批判性的問題，以問答的方式來探究其問題，這三個非常重要的問題就是：我能知道什麼？我應該做什麼？我的希望可能是什麼？尼采覺得每個人都必須發掘個別的為什麼——在他生命中獨特的位置——，讓生命的弓箭與弩石更值得忍受。「知道自己為什麼活著的人，」他寫道，「就經得起幾乎所有不同的生活方式。」

蘇格拉底的運作方式有個前提，即他是個確實存在於此的思考人物。他覺得這個為什麼——這是他存在的單一理由——就是問答那些讓他成為更有德行的問題。

有許多有效的方式能架構這些「基本的問題」。舉例來說，你可能不得不問……我必須在這裡嗎？或者，我要如何從這裡到那裡？又或是，除了「這裡」，還有其他的「這裡」嗎？為何我不是完全地在這裡？什麼是我在這裡一定要做的事情？我如何好好利用我在這裡的時間，以至於當我不在這裡時，之後的人不會懷疑「我曾經在這裡」？你可能還可以想到更多更好的方式來詢問並找出「我為什麼在這裡？」的答案。

為了能洞察這些問題，到蘇格拉底咖啡館的人讓他們的信仰、他們的世界觀，聆聽令人信服的反對意見以及另類的想法。他們知道哲學探討需要每一個人完全、持續性地評估我們的信仰、我們的生活、我們自身，以及我們的身分。他們拒絕直接相信各種所謂的真理，他們認為某套信仰是否合乎人情或理性，是否有智慧或良好，都可接受辯論，而且他們顯然相信，是由他們來發覺他們在這個世界裡的定位。

每個單一的靈魂是否都能藉由參與蘇格拉底咖啡館，來發現其獨特的人格與定位？我不曉得。蘇格拉底式的哲學質問是不是唯一自我探索的探問形式？絕不可能。不過每個人，不管他或她，明白或不明白，或能不能清楚地說出，其實都有一套自己的人生與定位的哲學。不論我們對於自己的「探尋生命與生活的哲學態度」，是否真的完全懵懂無知，還是有全盤認識，實際上我們所想的每一件事情，以及我們一切的作為，不管是命運的或世俗的，在在都以某種方式顯現出我們的世界觀以及所處的位置。

聚會場所

我在主日禮拜結束前抵達位於北加州的教會，我不介意等一下。這是一棟舊式西班牙修道院式的桃色大建築物，我聽到裡面的會眾正唱著安定人心的讚美詩歌，令我想起兒時愉悅的記憶，那時我常和母親一起前往她所加入的衛理公會教堂。我注意到這棟莊嚴建築的入口處牌子上有白色的大字寫著：「自由宗教社團」，這塊牌子並沒有很清楚地說明這裡是個教堂。

我受邀到此舉辦一場蘇格拉底咖啡館，邀請我的女性曾參與我在老人中心舉辦的討論會。十五分鐘後，我與約二十名會眾聚集在教堂裡舒適的會議室，多數人坐在靠牆壁排列的沙發和椅子上，我坐在一張躺椅的邊緣，以免陷入毛茸茸的椅墊中。

「歡迎，」邀請我來的女士對我說，「我本來要說，『歡迎來到我們的教堂』，但我們許多人都不把這裡當成教堂。」其他人大都點頭或低聲表示贊同。

「如果你不介意，」我說，「不知道你們是否可以回答我一個問題，『何謂教堂？』」我很少自己挑選討論的主題，不過我很高興他們都很有意願，甚至很熱中地接下這個問題。

一位說自己是這個教堂老成員的婦女告訴我，「坦白說，我無法給你一個關於教堂的定義，我恐怕必須查一下。」她臉上堆滿了和藹的微笑。她走向一個書架，拿出一本龐大且常用的韋伯字典，然後用拇指翻到她所要的那一頁。她自己先讀了一下才說，「這裡寫著，教堂有一個共同的特點，都是提供給基督教徒做禮拜的屋子。」

「不過，我不是基督徒，」有一位膚色白皙、臉色紅潤的男子說道，他是個工程師。「我是神靈不可知論者——我認為確有某種崇高的力量存在，但我不那麼確定我會稱這種力量為『上帝』。這裡也沒有人因為我的觀點而覺得困擾或被冒犯，我們的教派是針對每一個人，而不是只有基督徒。」他望向我然後說：「這裡沒有人讓我覺得一丁點兒的不舒服；事實上，大家常和我開玩笑，『不可知論代表，你好不好呀？』我覺得自己是這個家的一份子。」

一位有點羞怯的男子和他的妻子坐在我旁邊沙發上說，「我們正考慮要把我們聚會的『教堂』改名為『集會』。」

「為什麼？」我問道。

「他們覺得『集會』這個字比較能忠實地代表大家，」他說，「就像字典上寫的，教堂等同於基督徒，而我們希望每個人都喜歡這裡，無論你是基督徒、回教徒，或是不可知論者。」

他又說：「我想我們都具有宗教性，只是我們的方式不同於傳統的基督徒。我認為我們大多相信宇宙間有一種崇高或較高的力量，祂是我們存在的理由，祂檢視並導引我們，但是我們的信仰範圍卻很廣，從對於這股最高力量或較高力量是誰或是什麼，以及我們如何對他或她還是它展示出心靈上的謙卑與禮敬，各有不同。」

他這番對於何謂宗教人士的評論，似乎是對新教神學家施萊馬赫（Friedrich Ernst Schleiermacher）的嘲弄，施萊馬赫認為，宗教人士「本質」上，「感情絕對地依賴」上帝。佛洛伊德在《錯覺的未來》（*The Future of an Illusion*）中，記下他反對施萊馬赫觀點的理由，他寫道：「宗教構成的本質不是這種（絕對依賴的）情感，而是它的下一步，即對它的反應，也就是尋求對這種情感的補償，而沒有繼續往此下一步前進的人士，謙卑順從於宇宙中人類卑微角色的人士，相反地，才真的是反宗教。」

「有人可能會說，你們像是試著要讓自己與大多數人所認知的教堂概念保持距離。」我說。

「正是如此。」他回答。

「事情就是，」那位擺明是不可知論者說，「我們對任何事都持開放的態度，我們歡迎大家加入這間教堂，成為其中的一份子，即使他們清楚地表明自己不是很虔誠的基督徒，甚至一點也不相信任何神明。我就是個很好的例子，我們對任何人開放。」

這裡需要一個社團

接下來的幾個禮拜，我常常想起在那間教堂所進行的蘇氏對話。那些和我一起進行活動的人似乎有共同的想法，他們想要組成一個雖然各自的宗教理念不同，但大家卻感覺很自在的社團。我開始覺得，他們把教堂稱為集會，和我對蘇格拉底咖啡館的期望非常相似，因為蘇格拉底咖啡館也是一種集會。我知道大多數蘇格拉底咖啡館的常客都難以想像，沒有每週這種定期聚會的生活，我確定大多數那間教堂的人也有這種感受。我在蘇格拉底咖啡館和別人打招呼的用詞，與牧師在教堂做禮拜時所說的話，可能是同一種語言。所有的舊識相擁握手，而我則會與新來的人握手，並說：「謝謝你們來參加。」討論結束時，我會做一個結論，並告訴他們我希望他們還會再來參與。許多人真的都這樣做，他們發現這正是他們所要尋找的社團歸屬，就像那些在教堂集會的人一樣，他們不想讓這麼一個社團從缺。

我常形容蘇格拉底咖啡館是「異教徒的教堂禮拜」，一個能讓大家自由自在地挑戰各自信條的地方。杜威在〈創造性的民主〉（Creative Democracy）一文中寫道，「我相信，信仰與民主最後的保證就是，街坊鄰居可以自由集會、相互討論……自由自在地談話……因為任何反對自由與充分溝通的事，也設立了屏障，把人類區分為不同派系、組別……因此破壞了民主的生活方式。」

至於鄰居自由交談的自由集會，是否為健全民主的唯一保證，我可不是那麼確定。我認為，人們進行對話的方式與他們自由談話的能力一樣重要。舉例來說，若是他們自由地做一些沒有根據的推論，對別人的觀點也沒有批評和反應，或是加以延伸，那這可能只是空洞、停滯不前的民主。當杜威大聲疾呼「自由與充分的溝通」時，他確曾暗示，保存民主可能需要某種特定的對談，雖然他沒有很明確地說明他的意思，我認為蘇氏探問法是所有參與者完全投入、完全平等對話的典範。它要求參與者互相協助說出並檢驗彼此的觀點，審思這些觀點對社會的意涵，以及這些觀點中的假設。我認為這樣的對話，就是「自由與充分」的溝通，它可以幫助確保一個充滿活力的民主，並隨著時間而成長。

杜威一生都強調，追求知識時探問的重要性，而我覺得他可以考慮把蘇格拉底咖啡館探問法當作提振民主生活的方式，然而許多人卻指責這種集會；事實上，從古雅典時期開始，蘇格拉底所創造的哲學探問法就遭到非常多的反對聲浪。他們吹毛求疵地說它不夠虔誠、正面，立場也不夠堅定，他們抱怨蘇格拉底持續追根究柢式地探問，是獲得他們所謂「真理」的阻礙。

我們如何為哲學探問法辯論呢？認罪。蘇格拉底覺得不屈不撓地探問是我們的本分，對他來說，這是他的道德標準，「蘇格拉底精神」與蘇氏探問法是不可分離的。為了區別蘇格拉底與其同時代的詭辯家——那些如同蘇格拉底一樣在雅典街頭進行哲學討論，卻以自己「智慧」向人收取高額費用的哲學家，威廉姆斯學院的哲學教授費爾參怡（Laszlo Versenyi）這麼寫道：

> 詭辯家進行授課；蘇格拉底則「只是」發問。詭辯家口頭上展現教育、美德和他們的優秀特點；蘇格拉底則在自己的生命體現……他改善人類的精神層次，一種真正的「精神治療」……進行自我的探問是痛苦的，智慧成長的經驗也是痛苦的……蘇格拉底強調智慧，他認為缺乏洞察力就是缺乏價值……他不會探問我們不熟悉的事物，但他是一個完全投入探問的人。

在繼起的年代中，那些接納蘇氏精神的人士，往往會成為所屬時代的「不良意識」。從伽利略到甘地，從索忍尼辛到羅莎・帕克斯，總是有少數幾個人公開強行探問並挑戰當時傳統的「智慧」，總是有人挑戰無知，堅持尼采所稱的「價值重點」的行為。有時候，他們因為對抗群眾而遭受迫害，他們集智識、倫理和社會使命為一體，他們全都是一群討厭鬼，他們也都是繼承蘇格拉底的後代。

尼采懷疑「輕易接受……親屬圈與眾好人認為的真理，以及真正安慰且鼓舞他們的事物，」是否真的比之於「發現新道路，與慣例抗爭，經歷獨立的不安全感，以及個人感受甚至是良知上經常的搖擺不定，時常缺乏任何慰藉的行進……」更加困難。尼采提出，「如果希望努力追求靈魂的平靜與歡愉，你就要相信；如果你希望皈依真理，那就要探問。」依循著這種精神，十九世紀末、二十世紀初美國科學暨語言哲學先驅皮爾斯（Charles Sanders Peirce）寫道，在某種意義上，「理性的唯一規則」就是「為了學習，你必須想要學習，不能自滿於既有的思考傾向。」從這個規則，皮爾斯說，「會出現一個本身就理應銘刻在哲學之城每一面牆上的推論：不要阻礙探問之路。」

以一種非常保守的方式參加蘇格拉底咖啡館的人，持續著惹人厭的異教傳統。我們的對談似乎顯然還沒有提出任何獨裁或決定性的答案。所有的意見，所有所謂的真理，永遠都不是最後的定論，但經過蘇格拉底式的一番檢驗之後，某些真理的確顯得更好、更有說服力。

弗爾謝尼寫道：「對蘇格拉底而言，瞭解某些事情意指你能為它提出理由，為它做出一個合理論述的定義，並向他人展示，這意味著把某件事情……藉由一長串的理由來下結論……」蘇式問答法提供我們一個投入敏銳熱情的心靈，去思考偉大的思想，衡量超越時空的問題與議題的機會。它強迫我們為自己所持的觀點或一些沒有理由的看法，提出更有利的理由。此外，我們發現有些精明的思想家也常在他們提出的哲理中出現明顯的瑕疵和盲點，這不斷地提醒我們一個事實，那就是我們都是人類，徹徹底底的人類。

追求誠實

透過對詭辯家獨特的質疑態度，蘇格拉底揭露了詭辯家的花言巧語——而且是昂貴的花言巧語，因為他們是為了一大筆錢而這麼做——但卻沒什麼價值。就像從前一樣，現在不管是學術界或非學術界都充斥著似是而非的詭辯家。當代聞名的哲學家史庫頓在倫敦《週日泰晤士報》寫過一篇頗有見地的〈詭辯家的再現〉。他說，現在的詭辯家「不再……喚醒我們推理的能力，指引我們走向真理。」新的詭辯家「他的商品比得上是精神治療師的商品，在我們面前炫耀『信仰系統』的目錄，幫助我們在其中找出自由的信念，甚至可能鼓勵我們以更新式的事物替換。」他表示：「為了說服客戶他的錢花得很有價值，那些廣受歡迎的『信仰系統』還會適時地添加一些晦澀難懂的話，昂貴的費用會讓客人在心理上先說服自己，他正在接受治療且逐漸康復中。」史庫頓把這些新的詭辯家與蘇格拉底所體現出的亙古永存正直榜樣相比，他說，「蘇格拉底在柏拉圖的對話錄中名垂千古」，而他「不是個詭辯家，他是一個真正的哲學家」，他「喚起探問的精神」，讓那些和他對話的人尋找生命之謎的答案。史庫頓寫道，以蘇格拉底為典範的哲學家，「是助產士，其職責乃幫助我們成為自己——自由理性的人，對於瞭解自己處境所需的事物都齊備、一無所缺。相對地，詭辯家以狡詐的謬論誤導我們，利用我們的弱點，然後說自己是解鈴人，事實上，他們才正是繫鈴人。」

蘇格拉底把真正的哲學家比作醫師，藉由教人審慎地、有良知地、批判性且誠實地思考，來協助世間男女遠離詭辯家迷惑人心的半真半假言論，以及盲從信仰、不人道和信念的宣傳。依循著這種精神，蘇格拉底咖啡館中「新蘇格拉底」所施行的哲學思考，與其說是尋找絕對的真理與確實性，不如說是追尋誠實。

新蘇格拉底知道，哲學探問並非解決我們問題的萬靈藥或魔法豆，否則那將是一種最不誠實的哲學觀點。誠然，哪有被糾正或解決的問題沒有產生一堆新的問題？這不僅僅是人類經驗法則的一小部分而已，更確切地說，在蘇格拉底咖啡館對誠實的追尋中，所要求的是區別棘手問題與進取問題的能力。具有前瞻性的問題所擁有的結構與探索，可讓探究者變得更自由更有理性、更瞭解他何以是他，以及如何成為自己所嚮往的人。

家是獨一無二的

我提早到了。我在維吉尼亞一間宏偉的屋子裡，此處鄰近我的兒時故鄉，這裡大概有三百位老人。我不知道自己一個人要做些什麼，於是在聚會屋外的走廊走來走去。沒多久，我注意到有一個身材嬌小、苗條的女士坐在附近一張有椅墊的長板凳上，她淡褐色的眼眸顯得生氣蓬勃。

「你就是那位哲學家嗎？」當她發現我在看她時問道。

我不太清楚要如何回答，我想我不太喜歡被冠上「哲學家」這個稱謂。「何謂哲學家？」考夫曼（Walter Kaufmann）直到一九八〇年以五十九歲辭世之時，都擔任普林斯頓大學哲學教授，他曾感嘆地形容哲學家是一個對抗恐懼「以瞭解與他們的習慣、特權、信仰相牴觸的事」，且試著讓我們成為「對其他觀點更敏感，從內在去弄清楚飽受中傷誤解的樣子和感受」的人。在哥倫比亞大學擔任哲學教授超過半世紀的小藍得爾（John Herman Randall, Jr.）說，哲學家最基本以及最具創造性的功能，在於作為「理想的領導者」，其「思索的力量——這是一種觀看事物的力量；加上敏銳的批判性——可把所有事情全部連結在一起，提出更新更全面的想法，並包容敵對的信仰，以知性的公理來調和彼此。」哲學家「最令人印象深刻的」是，他可以「在所有的時空與永恆」中，帶給我們嶄新的看法。

為了回答那位女士的問題，最後我說：「這個嘛，是，也不是。」

她笑了。「你是哲學家沒錯。」她說，帶著一種德國口音。

「你是哪裡人？」我問她。

「這個嘛，」她停頓了一下，現在輪到她思考要如何回答問題，最後她說，「我先生死後，為了離我哥近一點，我在兩個月前搬來這裡。之前，我在羅馬住了很多年，是個小兒科醫師，不過我從來就不把那裡當成家。」

「你是德國人嗎？」

「某種意義上是，」她令人費解地回答，「我在那裡出生，可是我想，我從未真正有過一個家，我不確定是否有家這種東西存在。」

沒有家這種東西？我沒有立刻催促她說得再詳盡一點，因為蘇格拉底咖啡館的時間到了。我們聚會的地方是非正式的，有點家的感覺，這裡有蓋著白色桌布的圓形古董桌，以及有舒服靠墊的椅子。

「什麼是家？」我問這三十位參與者，並與之前交談的那位女士交換了一個會意的眼神。她一邊微笑，一邊對我皺眉頭。

坐在她旁邊的女士，身上戴著讓我方便辨識的名牌，上面寫「美爾德」。她說：「我告訴你什麼不是家。」她在自己坐的椅子上用力一拍，語氣很重地說：「這個地方不是我的家。我在這裡唯一的理由就是我的孩子把我丟在這裡。我寧可到別的地方也不要在這裡。」她接著開始追憶自己在紐約的日子，她非常自豪地說，六十年前，她不顧家裡的反對，搬到紐約，成為一位社福人員。「我選擇離開中西部舒適的家，在布朗士建立自己的新家，」她驕傲地說著。接著，她的表情黯淡下來，環視著屋內所有人，又說：「來這裡，不是我的選擇，所以這裡不是我的家，家是你選擇居住的地方。」

「我們很少有人可以享有居住的選擇自由，」另一位住在這裡的人說。「我住在一個找得到工作的地方，以供給妻兒一個令人滿意的家。」

又一位住戶語氣堅定地說，「你的床所在的地方就是家。這裡有我的床，就是我家。」

美爾德大聲地說，「有多少人覺得這個地方是家？」只有三個人舉手，而且舉得很不確定。「我必須說，我很驚訝這麼少人把這裡當成自己的家。」那位相信床之所在、家之所在的住戶說。

「這是我其中一個家，」一位裝扮高雅的女士說道，她富有光澤的灰髮垂過肩膀。「在佛羅里達我也有一個家。」

「你在兩個家之間來來去去嗎？」我問。

「唔，沒有，」她有點不好意思地承認。然後說，「可是，我從來沒有打算把它賣掉，只要我還保有它，我就覺得我在那裡還有家。」

停一下，她又說，「那麼，『把這裡當成自己家』這種說法如何？」她接著問，「它讓我自問，『哪些地方讓我覺得像家一樣？』雖然我在這裡已經好幾年了，我仍然不覺得像是個家，對這裡的感覺，很像很久以前剛搬到佛羅里達的家一樣，在那裡的第一個月，它還只是個房子，過了一段時間，才變成像家——不只是房子，還包含整個地方，最後，它變得不只是家——它是我學會下廚的地方，它是我結交終生朋友的地方，也是我戀愛的地方。」她悠悠地說，「我以為最後我會把這裡當成家，但我沒有，這裡只是間房子。」

「一間房子要如何才能變成家？」我問。

「這個嘛，」一個參與者笑出聲，他的臉上帶著嘲弄的微笑。「我想，首先你必須想住在這裡，即使你比較想要待在其他地方，但如果是出於自己的選擇，不知道為什麼你就會覺得這是屬於你的地方，你的……根據地。我就是對這裡沒有這種感覺，也不知道以後會不會有。」

「我想我從沒有把長大之後住的地方當過『家』，」我說，「我的感覺就像你們對這個房子一樣。以前，我以為這是因為我常常搬家的關係，但我又想到，小時候我也常搬家，不過我很快就覺得我們住的地方其實就是我的家，而不僅只是個房子。」

停下來整理自己的想法之後，我說，「有時候，我覺得自己唯一感覺像在家，是我在旅行的時候。我曾經當過很多年的自由記者，因此我常常旅行，晚上也很習慣在汽車旅館度過，一直到最近，我回家超過一個星期，就會變得很焦慮，我會拿出地圖看著所有我去過以及想要去的地方。」

一位名叫奧戴莉的女士好像一直想說什麼，她終於開口說：「長大後，我大多住在曼哈頓上東城的一間漂亮公寓裡，我剛剛才發現我住在那裡那麼多年，卻從不覺得那是我的家。」她沉默了一會兒，然後表示：「我想是不是因為它只是間公寓，而不是真正的家屋，可是我也不認為這裡是家，我想知道這是為什麼……」

「什麼是真正的家？」我問。

「真正的家是一個你敲門，他們讓你進去的地方，」美爾德說。她看著奧戴莉又說，「我猜你不認為你住的地方是家的原因，是因為它們不是你選擇居住的地方，而是別人為你選好的地方；雖然他們讓你進去，你卻從沒有敲過門。」

「我想你說得沒錯。」奧戴莉輕聲回答。

「真正的家是你出生長大的地方。」整個討論過程都站在門口，倚著一根枴杖的女士說道。她不知道為什麼就是不走進來加入我們。

「小時候我的家就在附近，我父母也還住在那裡，但後來我不再覺得那是我家，」我對她說。「對我媽來說，我的房間慢慢變成一個多出來的房間；事實上，我連鑰匙都沒有。」

「你再也回不了家，」一位住戶哀嘆著。她撫弄著珍珠項鍊又說，「唔，也許你可以，但這已經不一樣了，而你也不一樣了。你可以回去，但那還是家嗎？它也許是個新的家？它是陌生人的家嗎？」

她質疑自己原先對家的看法的方式，讓我想起了伍爾夫（Thomas Wolfe）《你再也回不了家》（*You Can't Go Home Again*）小說中的主角喬治•韋伯曾說，「信仰的本質是懷疑，真實的本質是疑問。」韋伯的生命真實地反映出伍爾夫自己——家是你的來處，你為了探索外面世界而離開的地方；而在過程中，打破你生手的保護殼。多年後，韋伯在小說大受歡迎之後回到家鄉，然而，因為書中對家鄉有所批評，也使他在居民的憤怒中逃離。該書最後令人難忘的章節是，夜裡，有一個聲音對韋伯說，「失去你熟悉的土地，是為了想讓你更瞭解；失去你擁有的生活，是為了要有更好的生活；離開你愛的朋友，是為了擁有更大的愛；去尋找一個比家更親切、比大地更寬廣的天地。」伍爾夫終其一生旅居各地，他好像也找到了「比家更親切的地方」，但他顯然並沒有把這個地方當作家。即使他自己覺得再也回不了家，他依舊認為，少年時期的家才是家，這是他生存的部分元素。就物體和存在的意義而言，伍爾夫對那裡有根深柢固的感覺，這是任何時間和地方都無法抹滅的，世界上沒有其他地方可以取代，不管是多麼親切的地方都不能。

在一陣沉思之後，那位退休的小兒科醫師以一種終結的語氣說：「有朋友的地方就是家。我哥哥住在這裡；這兩個月，我在這裡交了四個好朋友，這就夠了。」她停了一下，然後有點遲疑地說，「所以……這裡多多少少有點像家。」

「心之所在的地方就是家。」美爾德說。

「什麼意思？」我想知道。

「它是你擁有快樂回憶的地方，」她回答道。「我在那裡學會騎腳踏車、開車，那裡有我的初吻；那是我們家庭聚會的地方，那是我大多時候會打長途電話去的地方；那是一個比其他地方都讓我更關心的特別所在。」

「我來自一個破碎的家庭，」另一位住戶說。她不安定地坐在椅子的邊緣，身體向前，手肘放在膝蓋上，雙手撐著臉。「對那裡我沒有太多開心的回憶，但對我來說那還是我的家。我想，家就是擁有你回憶的地方，不管在那裡的回憶是否愉悅。」她停了一下又說，「我的意思是，除了家，我們對很多事物也都有回憶。」

「我認為，回憶本身就是一種家，」坐在她旁邊的男士說。「俄裔美籍作家納博可夫（Vladimir Nabokov）就說過，『回憶是唯一的不動產。』他的意思也許就是，什麼東西都可以被剝奪，但沒有人可以拿走你的回憶。」

「我姊得了老人失智症，她的回憶和身分都被奪走了。」另一位參加者說，每個人都安靜了下來，然後他說，「當我們開始談一個非實體以外的地方為家時，我真的覺得好像離題太遠了。舉例來說，我姊住在一家療養院，大多時候她都不清楚自己身在何處，不過，那裡還是她的家。」

「如果是這樣，那麼我們生命中住過的每個地方，某種意義上都是我們的『家』？」我問。

「不是的，」小兒科醫師搖著頭說。「我在德國出生長大，那是我的家鄉，但無論如何那裡不是我的家。」她談到自己和家人必須離開德國，為逃離納粹對猶太人的恐怖迫害，後來她就到了義大利。「不論何種意義，德國都不是我的家。」她說。

「不過，你的根在德國。」一位女士對她說。

「那裡不是我的家。」她堅定地回答，然後陷入沉默。

「顯然大家對家的意義以及我的家在哪裡，好像都有不同的想法，」我說。「不過，就家這個概念，大家是否覺得有某些共同的特點？」

坐在我旁邊的女士一口氣說完：「家就好像是一個地方，一個特殊的地方，每個人某種意義上居住的地方，對許多人來說，那裡是愉快且舒適的地方；對有些人而言，那裡可能是非常恐怖不安的地方。但不管情況如何，它還是家。」

「我想，你是對的。」一位男士輕聲說道。之前他一直都沒有開口說過話，接著他說，「只要我們家附近發生戰爭，我們就搬家。小時候，為了躲避布爾什維克革命，我們從俄羅斯搬到加拿大，最後我們搬到夏威夷；第二次世界大戰爆發，我們又搬到美國大陸。我知道有些人不太同意這個看法，但我的家不是一個房子，我的家是指我的家庭，我的家就是我最愛的人。」

「我是我僅有的家人，」另一位參與者溫和表示。這位嚴重佝僂的男人緊握著橫放在他腿上的黑色手杖。「我在孤兒院長大，那可不是件愉快的經驗，我也從來沒有把那裡當作家。離開孤兒院後，我一個人生活，靠自己努力——現在我別無選擇，我只能接受社區人員的協助，但就像一開始談話的那個女人所說的，這裡不是我的家。」他用力拍胸說道，「我就是我的家。」

一陣沉默之後，在他之前發言的男士終於說：「既然這次的討論叫做蘇格拉底咖啡館，我一直都在想著蘇格拉底。我想，對蘇格拉底來說，他的家就是雅典，這就是法院要他選擇離開雅典、流亡外地以免除一死時，他拒絕的原因之一。因為離開雅典，他就無家可歸了。他寧願選擇死亡，也不要無家可歸。」

他望著那位小兒科醫師。「德國只是你的根，就像你所說的，家是你愛的人在的地方。」

我對此說道：「我唯一一次和母親到西維吉尼亞她出生的煤礦坑營地時，我對她說：『這裡就是你家。』她卻說：『這是我的根，但你才是我的家。』」

「你媽是不是讓你覺得問問題很自在？」退休的小兒科醫師問我。

「她確實是這樣。」我回說。

她請我多告訴他們一點有關我母親與她的出生地的事。「她生長的那個煤礦區，到現在還在，那裡依然保持原來的樣子，不過卻已成了無人城鎮，」我說，「自從我和我媽去過一次以後，只要有時間我就會開車去那裡。試著想像在這個受到壓制的環境裡，我媽如何能夠想像另有一片天地，或其他的可能性在等著她。」

「沒受到什麼人鼓勵，但不知為何，我媽愛上了文字的世界，一有機會她就溜到煤礦大亨蓋的小圖書館裡，閱讀所能拿到的每一本書，透過閱讀，她開始發現山外的那個世界，並開始探討她自己心中的宇宙。我認為，我媽是所有我遇過的人裡最有天賦的批判思想家。」

「即使是小時候，她也不會告訴我問題的答案，」我接著說，「反而會逼使我發展出自己的想法，發現自己的信仰，尋找自己的道路和真理。我會不斷地質問她一個又一個的問題，但她從不會回答我，『就是這樣，沒什麼為什麼。』她從來不會因為我接二連三的問題而有一丁點動怒；事實上，她好像在欣賞我問的每一個問題。不管我問的是：『天為什麼是藍色的？』或『為什麼會有天空？』還是『為什麼會有問題？』她的第一個反應總是，『你認為天空為什麼是藍的，為什麼會有天空，為什麼會有問題？』從這個出發點，我們展開一場對話。她要我自己去發現我自己的答案。」

「看來你媽可是你現在之所以會從事這個工作最大的理由。」美爾德說。

「我也這麼認為，絕對是的，」我回答道，「我想得愈多就愈覺得，著手進行像蘇格拉底咖啡館這種事，對我來說，只是遲早的問題而已。」

「就像蘇格拉底一樣，」美爾德說，「不論你在任何地方，和想要與你一起進行哲學思考的人一起做哲學思考時，你最感到自在。」

她微笑著說，「你不認為蘇格拉底咖啡館就是你的家嗎？」

心繫於家

是否實際上我在哪裡，我就是誰？家是不是我可以帶在身上，活在世上的方式呢？我的世界和世界觀是不是相同的一件事？如果我說我在哪裡就代表我是誰呢？這樣會不會很怪異？哪裡與誰是不是一致的？

偶爾，我對家的感覺就好比馬克・吐溫對他在康乃迪克州哈特福的房子的感受一樣，他在那裡寫道：「我們的房子……有一顆心、一個靈魂，以及看著我們的眼睛；還有嘉許、掛念與深深共鳴；它屬於我們，而我們受它信任，在它的恩典與祝福的安詳中生活。」不過，有些時候，我對家的感覺則比較類似作家吉姆・摩根（Jim Morgan）在《如果牆有耳朵：一間房子的傳記》

（*If These Walls Had Ears: The Biography of a House*）中所寫的：「美國的故事一直都是尋找家園的故事，這是個我們彷彿永遠到達不了終點的無盡旅程。」

終於自由了

祕書節那天，我在舊金山舉辦一場蘇格拉底咖啡館，當我問大家有什麼問題時，有位看起來有點苦惱的女子靜靜地坐在那裡，像是一個很想問問題，卻又很害怕發問的人，好幾次她半舉起手，一旦我轉向她時，她又猛然地縮手。

「你有問題要問嗎？」我問她。

「沒有。」她回答，可是她的頭卻抗議似地點著。

「我覺得你有問題要問。」我說。

「呃，」她說，「我想是吧，可是我不知道是否適合在哲學討論時提出來。」

「我敢說它一定很適合。」我說。

這招奏效了，她突然吐出一句話：「一個聰明敏銳的人怎麼會陷入一個爛工作裡？」這個問題對她來說彷彿具有某種宣洩的作用。這位聚會的新人，原來是位投資銀行的祕書。

她接著說：「我在一間沒有窗戶的小隔間工作，薪水不錯，卻沒有前途，我多麼希望能從工作上獲得更多，」她嘆了口氣。「結果我卻被困在裡面，動彈不得。」

「人類的環境不就是一種束縛嗎？」一位身材纖瘦、黝黑的男子說道。他粗糙的頭髮長及肩頭，聲音有些低沉。「我被困在軀體裡；我被自己的心所局限；我被困在宇宙中；如果我想繼續活下去，我就會被呼吸所限制，所以我被困得死死的。」

「聽起來，我們好像應該先來探討一下『受困哲學』。」我剛好想到，哲學史上討論最多的就是人類是否能自由地做自己想做的事，還是我們大多的行動都受制於一些無法掌控的因素與情勢。出生於荷蘭的哲學家史賓諾沙（Baruch Spinoza）提出了一項有趣的觀點，一個並非受外在的力量所箝制，而是源自於天性中的力量與狀況所「決定」。史賓諾沙覺得這其實也是一種自由，他稱之為「自決」，他的意思是，我們身心兩方面的特質，「聯合」過去的發展，以及與現在周遭世界的關係，以決定我們生命的方向。在一六五六年，他這種思想被阿姆斯特丹的猶太社會視為異教而遭到驅逐。

「我想，有好的受困和不好的受困，」那位討厭自己的工作的女子說。「而我覺得我是不好的受困，我的工作就是罪魁禍首。如果我喜歡我的工作，我不會那麼在意我的呼吸、我的身體、我的靈魂或是我的宇宙受困。」

一直站在咖啡廳入口，似乎無法決定要不要加入討論的男子終於加入了。他說他是個自由接案、薪水微薄的平面設計師，並把這種工作稱為「非營利社會意識的團體」，他接著說，「就兩位所言，即使有一份非常喜歡的工作，在某種意義上，你還是被『困』了，因為你依舊被囚禁在這個工作裡。就算你喜歡你的工作，但如果有選擇，說不定你一點都不想工作，可是你卻不能不工作，除非你很有錢——不過就連那些卑鄙的有錢人都還要做一點點工作，才能維持富有。所以，你被某種形式的監獄所局限、束縛住了，即便那是你喜歡的監獄。」

一位剛才點了第二瓶酒、身材圓滾的男子說：「生活就是一份工作。」他呼吸非常用力，有時聲音大到我無法專心對談。

「每一個生活就是一份工作，」我重複了一遍，然後進一步解釋，「我猜你的意思之一是，生活本身本來就需要某種行動，這就讓它成了一種工作。」

「諺語不是說：『人生不只是工作』，最好不就是如此嗎？」我繼續說。「至少，不是有各式各樣的工作——而我們難道不能就這些工作所要求我們要做的事，來把它們區分為可怕或美麗，或介於兩者之間的類別嗎？在最好的情況下，難道一個工作不能成為自我表達的一種形式，需要我們以滿足而非累贅的態度來工作？難道類型適合的工作，不能代表一種其實可以讓我們更自由的形式嗎？」

說出這句老生常談的那個人沒有任何回應，他假裝專注地倒下一杯酒，他似乎只負責說這句話，卻不想接受任何批評或評論。

我轉向那位祕書。「或許，」我說，「讓你動彈不得的工作，也可能刺激你，讓你找到另一個較能自我實現的工作。愛默森曾說，當一個人把心放在工作上，並盡一己之力，他就會覺得放心且快樂。我覺得換句話說會更有意義，一個人應該專心致志於尋找一種能讓他付出所有的工作，而你可能需要花上老半天才找得到這種工作。就我來說，如果不是曾經陷入那些我所謂很爛或有點爛，有一點價值又不是很好的工作，我想我永遠也不會做我現在做的事——這對我來說是理想的工作，其他那些工作都迫使我更努力去發現自己想要成為怎樣的人。」

「我想到最好的是，」平面設計師插嘴說，「試著發現你喜歡到甚至願意免費去做的事。我想你第一次聽到某人這麼說時，心中首先想到的一定是，『這些話聽起來很有道理，卻不夠實際。』錯！這很實際，如果你不找一個可以滿足你熱情的工作，早上能讓你興奮地爬起來，然後全力以赴的事，那你還有什麼工作好找？」

另一位參加者說，「如果你不冒著經過小心算計的風險，如果你不計畫一下找出職業生涯中最想做的工作，那麼某方面你的存在也就沒什麼價值。我認識許多賺了很多錢的人，他們的心都是死的，就像是活死人一樣，所以，當人們論及找一份你不介意被『困住』的工作，錢不是答案。」

我注意到最初提出這個問題的女子一直振筆疾書，好像想把那位平面設計師所說的每個字都記下來，她突然停下來，快速地把筆弄得卡答卡答響，然後抬頭看著我們。「我最近讀了漢娜·鄂蘭（Hannah Arendt）的《人類的處境》（*The Human Condition*），」她說，「我常常想起她寫的一件事。她說，『凡人的任務與潛在的卓越，在於他們創造事物——工作、功績與言詞——

的能力，這些理應歸屬於永恆之中。』我想我一直想發現自己想出什麼成就，以及能做出什麼功績，而它們理應歸屬於永恆之中。我的意思是，我覺得我們都有某種獨特的能力，而我們能把這個能力轉化為生命中的工作與熱情，至少，我選擇這麼相信，可是，也因為我選擇相信這個，每當我覺得自己花了太多時間，而沒有將全部的精力都放在能讓我在這個世界上留下痕印，並以某種方式變得永恆的事物時，我就會變得非常沮喪。」

她沉默了一下。「我呀，」她把筆和記事本收回包包裡，然後說，「我積極地參與社區劇場差不多有十年了。這些年，劇場的創辦人好幾次都問我要不要全職參與，他給我的薪水不到目前工作的一半，工作時數還多出三個小時，但這是我喜歡的工作，我想要做的工作，是我考慮做一輩子的工作，因為我相信，一個好的劇場能幫助我們以嶄新的方式來認識這個世界和我們自己。」

「可是我從來就沒有認真考慮他的提議，這不只是因為我害怕，也不是我對於節約的生活感到遲疑，最重要的是，我從不把它當作一個工作。我一直有一個偏見，覺得如果我沒有往上爬，搬到紐約，成為一個有名的演員、一個明星，那麼我就不應該在這個圈子賺錢。我總是把在社區劇場的工作當成『嗜好』，因為我讓自己相信，安於表演世界中這麼『低』的工作好像不太恰當。」她拍了一下額頭說，「多麼可怕的偏見！」最後這句話她說得好大聲，幾位正在發呆的參與者都被她嚇醒過來。「社區劇場是我的最愛與熱情，我一點也不想搬到紐約成為一個出名的演員，參與社區劇場是我這輩子最想做的事情。」

她站了起來，嚇了我一跳。「我要去試一試。」我差點以為她要直接跑去找投資銀行的上司，告訴他，她不幹了，然後馬上飛快地直奔她的社區小劇場。然而，她好像意識到現在已經是晚上十點，要做些什麼已經太晚了。她繼續站著，環視著大家，想著自己是否有什麼好尷尬的，然後坐回去，撫平洋裝上的皺褶，以郝思嘉的表情說，「畢竟，明天又是新的一天！」

老兄，你能不能空出一間牢房？

我被困在哪裡了？

這是否是另一種詢問的方式，什麼是我的監牢？如果有的話？

如果你是在一間你不想逃出來的監牢裡呢？

知名的存在主義哲學家、小說家、劇作家暨社評家沙特（Jean-Paul Sartre）在其《存在與虛無》一書中表示，我們「勢必要自由」，他相信，人類的自由是無限的。身為第二次世界大戰悲劇的見證者（沙特自己曾被德國人俘虜），他當然瞭解人類追尋自由有許多障礙；然而他覺得，作為有意識的生物，我們擁有企圖改變我們所處環境的自由。他寫道，我們被「丟」進一個除了我們自行賦予的以外，就別無其他規則與結構的世界。有人「想變成宏偉而不易瞭解的」，有人「除了他們所發現的，就不願再去尋求」，至於在尋找自我時，勇猛避開傳統並做出自由選擇的人，以沙特所言，就是「真實的」；而順從社會規則，面對除去桎梏後的自由時會感到退縮的人則是實行了「不好的信條」。

我最要好的一個朋友現年四十多歲，他渴望去旅行，成為一個作家、攝影師，並學習不同的語言。「為什麼你不把握時間放手一搏呢？」我勸他。

「我沒辦法，」他聳聳肩。「欸！我的人生已經完了。」

最讓我感到無力的是，他說這句話的表情，那不是絕望，也不是失望，更不是認命，而是鬆了一口氣的表情。他似乎非常樂於說服自己去相信，他絲毫無法朝著自己的夢想邁進。

他看起來很健康，經濟也毫無問題，而且很聰明，但他自己卻畫地自限。我試著慢慢地拆除他的監牢，我告訴他，實現自己的夢想現在還不太晚。舉例來說，《根》的作者亞歷克斯・哈雷（Alex Haley），中年前，從來沒有想過要成為職業作家，直到從海岸巡防署退休後才開始寫作。我的好友面無表情地看著我，我想他一定知道我舉這個例子的目的何在，但他就是不為所動，他已經在自己的周圍築了一道無形卻牢不可破的藩籬，他寧可繼續高唱「我的人生完了」。我試圖給他一張「監獄自由通行」卡，但沒有任何效果，他寧可繼續待在他那舒服慣了且量身訂做的監牢。

蹲坐在附近一間牢房的是我另一位朋友，他是西維吉尼亞州的律師。他是個優秀的律師，年紀輕輕就在這個領域小有名氣，問題是，在幾個不同的場合，他曾向我表示他討厭當個律師，他想辭掉這個他看不起的工作，成為一個人類學教授。他還很年輕，單身，而且無債一身輕。「你顧慮什麼？」我問。

「我被鎖住了，」他嘆了口氣，一邊用攪拌棒攪動杯中加冰的威士忌。「再兩年，我就可以掌權，成為公司的合夥人。」

「可是……你不是不想當個律師，」我說，「幹麼要在公司多待兩年，直到你有權有勢？到時你會被綁得更死。」

他仔細地瞧了我一下，吞了一大口的威士忌，然後把杯子放下，望著我肩後的某個地方。他的嘴唇在動，好像在自言自語，最後他看著我說：「你認為我瘋了嗎？」

我一臉疑惑地看著他。

「要是這個時候離開，然後從頭開始，我就是瘋了。」他憤怒的眼中含著淚水。

他有一部分工作是代表市政府起訴罪犯，而他的科刑率特別高，他是如此擅長證明人家有罪，甚至宣判自己去過著自己內心鄙視且永遠無法假釋的生活。

情感會變成監牢嗎？

許多現代哲學家認為這是常見的看法，即情感是理性的反面，會使個人的客觀能力受阻。相反地，齊克果卻辯稱，最真知灼見的知識是源自於最熱烈與最激昂的情感。

然而，有些情感會使人癱瘓無力。考夫曼曾提到，你可能生活在怨恨、嫉妒、憎恨、恐懼或悲嘆的控制之下，直到今日，許多人仍然認為不可能超越這類情感。「哲學家早就瞭解到，這個普遍的想法是錯誤的，」考夫曼寫道，「蘇格拉底、斯多葛學派與伊比鳩魯學派的哲學家都試圖報導人類如何『透過自我瞭解』，並自這個束縛中解放出來。」考夫曼說，自我瞭解是「自我超越……可以改變一個人的人生。」不過我認為，自我瞭解有許多種類，不是每一種都可以讓人自由，讓人正面地改變人生。你可能會瞭解自己為什麼受到壓迫，為何有令自己動彈不得的恐懼，為什麼老是習慣性地拖延，但若是你不知要如何改善你的狀況，那麼自我瞭解可能會讓你比以前更覺得受到束縛，更加因懼怕或壓制而無法動彈。

平心而論，我認為考夫曼所說的是解放型的自我瞭解。為了要克服「怨恨」這種無力的情緒，這是最束縛人類的一種情緒，他認為可以使用探問的方法：

> 一個人可以藉由問自己問題開始：我能免於怨恨？如果不可以，那我在怨恨什麼？精確地說出原因？我為什麼憤恨此事而不是其他事……這其中的理性程度有多少？不要去想你是否可以不追究，只要問自己，如果停止怨恨你會不會好一點，你是不是希望自己好過一點。想想另類的選擇，利用你的想像力，不需精神分析師來做，

> 你可以自己做，雖然這件事一點也不簡單，然後比較困難的是，擺脫怨恨……不過，就算要花些時間，還是做得到。

考夫曼的探問方法不會在你回答某種「我是誰」之類的問題後，還懸在那裡。你必須「利用你的想像力，找出另一種選擇」，然後改變自己，讓自己成為那些你渴望成為的人。

塔那斯表示，蘇格拉底透過他的言詞和行為，「把持續不變的信念具體化，即理性地自我批判可以將人類心靈從謬誤的見解中解放出來。」蘇格拉底用來解放心靈自由的方法，無論任何時間與地點，每個人都可以拿來運用。

有時候，也許你會問自己：我受困於哪種監牢？我的監牢是不是好的牢獄或很必要的？是否有其他束縛或讓人感到無力的事情？是否有辦法鞏固屬於好的監獄部分，同時又能讓自己擺脫其他束縛？

哪種監牢——聯邦政府的監牢？

康德強烈地為監獄系統和懲治罪犯背書。例如，康德就曾表示，讓小偷在監牢裡從事勞動是有理的：「偷東西的人讓別人的財產變得不安全，所以，實際上他是在剝奪自己……可能擁有的財產。他一無所有，也無法要求任何東西，但他仍然想活下去，而除非有人供養他，否則不可能。政府既然不會完全沒有代價地這麼做，因此他就得任由政府利用他的勞力，去做政府認為合適的勞動……」

差不多一個世紀後，法國哲學家、歷史學者暨社會評論家傅柯在《訓練與懲罰：監獄的誕生》中主張，監獄只會讓職業罪犯變得更加冷酷能幹。傅柯質疑一個廣泛流行的假設：監獄體系的出現是種進步與人類的發展；相反地，他認為監獄體系是社會與政治控制高升的徵兆，令人不安。傅柯說，現代監獄的用途和收容所有點類似——意即將「異常」或「脫軌」的人，與社會中所謂正常的人區隔開來，傅柯進一步斷言，現代社會奉僵硬的編制與順從為基本美德，本身也愈來愈像一座監獄。「工廠、學校、兵營、醫院……全都類似監獄……這會令人驚訝嗎？」

不同於康德，傅柯研究當代監獄實際的狀況，並把他對社會現況的觀點放進去，至此，他才對監獄與社會做出經過思考的結論，然而，儘管我和其他無數人都可能讚嘆他的看法，但他的看法卻和康德的一樣，不見得能作為最後的定論。雖然傅柯的結論在許多甚至大部分情形都適用，但我並不認為它是永遠適用的，我認為還有許多例外，顯示監獄有可能是個自由的地方。

據說生於奧地利的哲學家維根斯坦（Ludwig Wittgenstein），利用第一次世界大戰被關在義大利監獄時，發展出他自己在邏輯和數學的想法，並完成他的《邏輯哲學論》，這是他畢生唯一出版的著作，且促成了哲學的革命。這本劃時代的著作，強調語言研究的重要性，使他成為本世紀最具影響力的哲學家之一，並影響邏輯實證主義、語言學分析，與語義學等幾個重要哲學領域的發展。其中邏輯實證主義是把邏輯、數學與經驗科學的原則，運用在幾乎所有思考領域；語言學分析旨在檢驗與闡明語言的使用，至於語義學則是研究文字的意義，以及符號與其代表物體之間的關係。

許多故事都是有關人們利用在監獄的時間解放心靈、逃脫心理上的束縛，而當他們出獄後，又能幫助他們擺脫惡劣的處境。

民權領導者麥爾坎X（Malcolm X）就是一個例子。在監獄時他信奉了回教，讓他變了個人，許多方面都像個全新的人。在牢中，他有條不紊地大量閱讀，從中培養出崇高的批判與創造性思考的技巧。他在自傳中，詳述自己如何閱讀眾多的哲學作品，並得出一個結論：「歐美哲學家大多借鑒東方的思想家。舉例來說，蘇格拉底就曾到埃及旅行……顯然他的智慧部分是源自東方的智慧。」

在獄中，他超越了原來的自己，成為我以及其他無數的人心中獨立自主的楷模，成功地為不同的族群與文化搭起橋樑。他是能設法將自己從合理的怨恨——最堅固與束縛的監獄之一——解放出來，並實現自己抱負的典型，只要想到從一出生到這個世界，他就必須面對過於壓抑的環境，並在不平等的衝突和種族仇恨的社會中成長，你就會更加讚賞他的成就。如同他從閱讀那些戲劇般改變自己的人生故事中學習，麥爾坎X自己的實例已經成為一盞明燈，指引那些相信改變自己就可以改變世界的人。但能像麥爾坎X一樣，完全從憤恨這個束縛最深的監牢中解放的人，似乎寥寥可數。

往後的歲月中，他說他「經常思考閱讀所帶給我的新境界。我在監獄中就知道，閱讀已經永久改變我的人生，現在我明白，閱讀的能力喚醒我心中一些蟄伏已久、企盼心靈活躍的渴望。」當然，在他被暗殺之前，他無法知道每件事，也無法學會每件事，但他一直把握機會以新的方式去學習、思考和探問，與少數人一樣，他自己選擇了困難、令人振奮、永無止盡地挑戰——讓自己自由。

我們也許可以藉由他的激勵，打破無數、一個接著一個的牢房。

一個充滿智慧的地方

在一個大雨滂沱的傍晚，我抵達北加州一間中度警戒的監獄，這棟樸素的黃磚老建築物座落在擁擠郊區外的一個小山谷。我通過監獄幾個檢查站，終於進入一間類似體育館的房間，準備開始進行一場蘇格拉底咖啡館。有位安排我到此拜訪的監獄官員在那裡招呼我，她先前跟我說，大約有二十位受刑人會來參加，對我來說這是最理想的人數，不過她現在卻告訴我，屋內大概有六十位受刑人等著參加活動，我不得不壓抑內心湧上的焦慮感，在這麼多人參加的情形下，我還能進行一場值得進行的精彩對談嗎？我是不是該掉頭走人，趕快離開這裡？然而為了和這些囚犯進行蘇格拉底咖啡館，我們花了好幾個月的時間才獲得批准，又是信件又是電話，最後還要與監獄官員開會，終於才訂下時間，我不能現在就走。

我不知道這會不會是個徒勞無功的活動。一位曾舉辦受刑人「社團活動」討論會的朋友告訴我他的經驗，受刑人不會透露任何有關自己私密的事情，因為他們害怕丟臉或是在同伴面前矮人一截。「他們永遠不會從事你在外面世界所舉辦的那種討論。」他悲觀地預測。

當我走進會面的房間時，一個身材魁梧的男人走過來問我：「外面的天氣如何？」他有一張坑坑疤疤、削瘦憔悴的臉。

「挺糟的。」我告訴他。

「我還是寧願在外面，也不要待在這裡。」他帶著笑意說。

「我叫做狼，」他說。我們握手，接著他又說，「你聽過『人與人是同類相殘的狼』（Man is wolf to man.）這句話嗎？」

我說我聽過。「我認為不對，」他說，「我覺得這句話把狼罵得很難聽，如果一個人傷害自己的同伴，我們不應該說他像隻狼，狼是高貴的動物，和人不一樣。」

然後有一位非常高大黝黑、鬍子整齊、眼神銳利的男人自我介紹。他叫約翰。他顯然想問我什麼，但好像有點害羞遲疑，最後他終於說道：「我很好奇……希望我問的問題不會很愚蠢，」他又停了一下，彷彿在思考要怎麼說最好，然後他問，「哲學真的是在研究『為什麼？』嗎？」

「這個對哲學的定義聽起來很棒。」我回答。

其他所有的受刑人都穿著寬鬆的橘色長褲、短袖襯衫和拖鞋，他們已經坐在幾張大長椅和金屬製的凳子上，這些椅凳都被固定在地板上，避免受刑人拿來互相丟擲。武裝的警衛也駐守在這間沒有窗戶、天花板很高的房間周圍。

大多數受刑人都在喝咖啡，少數幾個趴在桌上，好像在睡覺，不過至少他們對即將進行的事都有點好奇。我不知道自己要如何表現才能讓對談不會顯得太笨拙，如何才能增進我這種探索，讓我與其他人能更有效地尋求蘇格拉底，不管他們是誰或者身在何處。

在向受刑人介紹我的時候，他們說我是「哲學老師」，我立刻糾正這個說法。「我是個哲學家，協助哲學的探討，」我告訴這群人，「可是，我不認為自己是個老師，就傳統的意義上來說，每次的蘇格拉底咖啡館我都可以預料到，我從來參加的人身上學到的東西，比他們從我身上學到的還多。」

接著，我談了一些自己成年後生命中幾個知識上和情感上的荒地；我談到自己面臨生命中的某些岔路時，被蘇格拉底的話「未經檢驗的生命不值得活」感動，當我重新與蘇格拉底「深交」時，再度點燃我在自己或許還有其他人的人生上，「運用」蘇格拉底哲學探問法的想法。我好像不知道怎麼停下來，我甚至不知道自己幹嘛說這些，幸好有一位受刑人舉手打斷了我。「哲學的意思是什麼？」他問。

「哲學原本的希臘文是philosophia，翻譯過來就是『對智慧的愛』。」我說。

「什麼是智慧？」他問。
「你認為什麼是智慧？」我回答。
「我認為你必須先回答何謂智者，才能回答這個問題。」某個人說。
「那麼，什麼是智者？」我問。
他沉默了一會兒沒有說話，最後他說：「我想，智者是具有罕見能力的人，他將生命中所學到的東西有效地運用，他不會輕易地被誤導，也不會誤導別人。」
另一個人說：「智者知道如何透過經驗運用他的知識，也願意和別人分享自己所知道的事。」
一位表情嚴厲的受刑人說：「智者知道什麼是應該分享的知識，什麼是不該分享的知識。比方說，一個明智的人就不會把盜領自動提款機的知識和別人分享，因為這是一種『不好的』知識。」
一位坐在我右邊長椅的受刑人，從剛才到現在對每個人所說的話都一直點頭贊同。他說：「以前，我從來沒有這樣想過，我一直以為，一個有智慧的人會分享所有他懂的事情，我覺得分享所有知識並不明智。」
然後他又說：「你認為有『好的』智慧，相對地，就有『不好的』智慧嗎？」
狼插嘴說道：「只有好的智慧。『不好的智慧』這種措辭很矛盾。」

一個看起來像個教授的男人，以一種高傲的態度說：「我同意智慧只有好的智慧。在柏拉圖的《法律》（*Laws*）中，智慧與自制、勇氣、正義被視為四種德行中的一種。在他的《共和國》裡，智慧被看作主要的德行，內含其他的操守，另一方面，亞里斯多德在他的《政治學》（*Politics*）中，把智慧區分為哲學智慧與實用智慧，他寫道，實用智慧是有關『可能需要深思熟慮的事以及和人類一般的事情。』不過他說，蘇格拉底以前的哲學家如泰勒斯（Thales）、阿那克薩克拉（Anaxagoras），只有哲學智慧，因為他們『不知道什麼對自己比較有利』，而只『知道那些非凡的、令人讚賞的、困難的以及一些了不起的事情……卻一無所用。』」這位看來五十幾歲、臉上有著米灰色鬍鬚、戴著厚厚鏡片的男人，沒有人問就先坦承，他在私立學院擔任行政人員時盜用了十萬美金，因此必須服刑十五年，他還告訴我們，幾個月前，他剛獲得長春藤名校的哲學學士以及碩士學位。

其他人都沒有反應，最後我說，「談到亞里斯多德，他是最早觀察到『人是生而擁有武器，雖然會使用智慧與長處，然而卻可能用在與目的完全背道而馳的地方』的哲學家之一，」我繼續說，「有智慧的人就不會做出不明智的事情嗎？難道我們不能只是某方面非常有智慧，而其他領域卻是完全的白癡？」

「我想我就是個活生生的例子。」那位學校行政人員回答。

「智慧是你努力爭取也得不到的東西，」約翰接著表示。不過他馬上又補充，「不，也不完全如此。我的意思是，我想你可以得到智慧，但永遠無法得到絕對的智慧。最有智慧的人知道，他們不管怎樣都無法變得如此有智慧，但即使如此，他們還是力求每天都變得更明智一點，他們努力在常識、知識與領悟之間取得一個較好的平衡，當他們覺得那是一件有益的事情時，便會大方地與別人分享。」

「我不認為知識可以隨意地分享，也不認為有這個必要，就算是有好處，」坐在他身旁的人說。「有時候為了學習，你必須付出代價，必須去賺取學問，你必須上課，買書買錄音帶，去獲得知識，然後變得更有智慧。」

「蘇格拉底從來沒有跟那些『向他學習』的人收錢，」狼指出。「他寧願兩袖清風，也不要利用智慧去謀取利益。」

「可是，這和我的看法並不衝突，」那個男人堅持。「以我看來，學習是件苦差事。你確實要『付』出代價，去『獲得』它——也許不用錢，但你學什麼幾乎都要努力。」

「你們認為最好或好一點的學習方式是什麼？」我問。

「有人說所羅門王很有智慧，因為他用寓言的方式說話，」約翰說，「如果你願意的話，他寫了故事讓你從中學習，不過他並沒有試著把所有教條硬塞給你，這就是『所羅門王的智慧』，也是我喜歡寓言的原因，因為它們尊敬讀者的智力，讓你覺得是自己學到了什麼，並讓我們知道，重要的問題很少有什麼『一言以蔽之』的答案。」

「我想這也是齊克果為什麼使用寓言的緣故——因為你從中領會你自己的意義，你領會對你自己有意義的『真理』。」前學校行政人員說。

「你們認為人要如何變得有智慧？」我問。

「我認識有些人，他們比實際的年紀還要有智慧，」一個體格精瘦結實，近似運動員的男人說。「不過一般而言，我認為人是靠著經年累月的學習經驗才能變得有智慧。」

「我覺得每個人都有智慧。」另一個人說。

我問他：「每個人都能從經驗中學習嗎？」

「你認為聰明的人都是從經驗中學習的嗎？」

「並不是。」他說。

「是的。」

「那怎麼可能每個人都有智慧呢？」

「我認為每個人生來就有智慧，」他說。「如果我們不從經驗中學習，就會愈來愈沒有智慧。我知道不要吸毒，我知道不要偷東西去買毒品，以前我就被抓過，也進過監獄，但是我又犯了，所以，我年紀愈大就愈沒有智慧。」

「我同意他說的話，」另一個人說，「這就像是一個人他曾經碰過裝著熱水的鍋子，燙傷了手，他就再也不會這麼做，可是有人卻會一犯再犯，好像永遠都得不到教訓。」

「我一再參加毒品勒戒並進監獄，可是，我還是一再犯下同樣的錯誤。」一個看來很年輕、臉上卻凹凸不平的人說道。他的頭髮挑染成黑黃相間的條狀。「不過，這次我真的得到教訓了，因為這次我準備好要學習，也準備好接納那些他人對我的評價、報導，所以，這次我會吸取教訓，過去這些對我來說，只是一堆專業名詞和廢話，我可是左耳進右耳出。」

一個瘦得像根蘆葦、大大的綠色眼睛下有著黑色眼袋的男人，用手指梳理著他那頭理得非常短的頭髮，然後說：「我現在已經戒毒了，吸毒的經驗讓我比別人有優勢，因為我知道吸毒的情形。我有許多別人沒有的經驗，我也變得更明智，我希望我不會再重複這樣的經驗，不過有這種經驗也是一件好事，去體驗『不好的事』是好的，因為你就有一次這種經驗。」

「我打從心裡不同意，」剛才提到自己不斷參加戒毒課程的那個人說：「我不認為吸毒是個好經驗。我向上帝祈求，希望自己一次也沒有碰過毒品，我希望自己能把那些警告我不要嘗試毒品的話聽進去。我想，如果我們都覺得這種『曾經體驗一次壞事』的哲學是個好主意，社會上大概每個人都要進監獄或死掉了。」

「我聽進去了，老兄，」提出評論的那位受刑者說，「但我真的認為，因為我有吸毒的經驗並且克服過它，等我出獄後，比起從來沒有上癮過的人，我會是個非常有用的藥物濫用輔導員。」

「如果你沒有戒除毒癮呢？」另一位受刑人說。「要是你因為吸毒過量死了，你也可能克服不了這些壞事，還有，你試著去做壞事，就算只有一次，難保不會傷了你或別人？如果你試著去做的壞事是謀殺呢？」

那個瘦得皮包骨的受刑人，對質疑他的人微微一笑，然後說：「敗給你了。」

我們又靜默了一會兒，思考剛才大家說過的話。

「你們認為哪些人是智者？」後來我又問道：「也許這能幫助我們發現智慧的標準。」

「甘地和金恩博士是有智慧的人，」臉上有道新月型疤痕的人說，那道疤讓他看起來更勇猛。「他們領導社會改革，實踐並宣導大眾不要使用暴力，他們犧牲自己的生命告訴別人，有時為了讓世界得到更多自由，你必須心甘情願地去死。」

一位墨西哥人說，潘丘維拉（Pancho Villa）是個智者，「即使他的武器和人馬很少，他還是有辦法戰勝美國佬的軍隊。」

「這就表示他有智慧嗎？還是他只是比對手聰明？」有人問他。

「這個嘛，我想，一個要聰明到能夠打敗欲摧毀己方人馬的強大對手，需要有我所謂非常機靈的智慧。」他回答道。

「佛洛伊德是個智者，」一臉沉思的一位受刑人接著說：「有關我自己的問題，我從他的書中學到的比別人還多。拿他《夢的解析》來說好了，他在書中討論哈姆雷特的行為，他說明為何我們是現在這個樣子的所有解釋，都『可以解析，而且這正是全盤瞭解所需要的。』這是非常了不起的看法。佛洛伊德的意思是，我們為何會成為現在這個樣子，不是只有一個不能改變的解釋，相反地，有很多解釋，其中有許多可能相互矛盾，但這些都說明了我們自身，而且，並不是每一個解釋都有標準或啟示的，但它確實意味著我們必須從不同的立足點來瞭解自己。」

接下來，一個看來十九歲左右的受刑人輕聲說：「我祖父很有智慧，如果我聽他的話，今天就不會在監獄裡了。」

「我認為我們不該只談有智慧的人，」另一個人說。「我們應該也談談有智慧的地方。大峽谷就是個有智慧的地方，每次我到那裡，在完全與外界隔絕的環境中，我就會有些明智的想法，這些想法源自於那個有智慧的地方。」

「你所謂『明智的想法』是什麼意思？」某個人問他。

「我的意思就是可以讓我平靜下來的想法，」他回答。「這些想法讓我瞭解自己是個有缺點的人，但我可以努力變得更好，變得更好是我的本分。這些想法讓我瞭解跟隨自己的節奏前進就沒有問題。要是我能在離開大峽谷時，也把這些想法帶走，運用在城市中，我現在就不會在這裡。」

「我覺得大自然本身就是個有智慧的地方，」另一個人說。「它已經存在了數十億年，即使我用盡一切來摧毀它。當我們消逝很久後，它依然會在這裡。」

「可是要說某個東西有智慧，不是必須是有意識的主體嗎？」有人問他。

「唔，我不知道你是怎麼想的，但我認為地球是有意識的，」他回答，他不是唯一這麼想的人。一九七九年，英國化學家詹姆士・洛夫克（James Lovelock）博士首次提出蓋亞假說（Gaia Hypothesis），他主張地球應被思考為一個「自我調整的生命系統」。據他所言，「整個地球上的生命要素，從鯨魚到病毒，從橡樹到海藻，都可以被視為是在構成單一生命體……這個生命體具有比其構成元素更強大的機能與力量。」若是這樣，既然人類是有意識的，而人類只是整個地球的一部分，那麼地球本身當然也是有意識的。

「讓我們回到有關人的智慧，」我對這群人說，「你們認為一個有智慧的人會說自己很有智慧嗎？」

一個坐在靠近門口長椅上，頭髮剪得很整齊，外表看起來像個預校生的男人說：「蘇格拉底不是說過『最聰明的人，知道他們不是很聰明』嗎？」之前，在整場對談中，這個人一直低著頭，我本來以為他很快會就睡著了。

「你能說得更詳細一點嗎？」我問。

「柏拉圖在他的《辯護錄》（*Apology*）中寫道，蘇格拉底的使命就是找出城裡大家認為最有智慧的人，他想看看這些人是否真的名副其實。每次他都得到相同的結論，那就是他們並不是很聰明；事實上，他們都是他媽的白癡。」很多人都笑了，不過，他的表情還是很嚴肅。

然後他說：「等一下。」隨即從後面口袋拿出一本薄薄平裝版的柏拉圖《辯護錄》，一邊翻找著他要的那一頁時，一邊說：「在《辯護錄》中，蘇格拉底告訴我們，他如何詢問一位自認非常有智慧，同時也是雅典權貴眼中最有智慧的人。」

他找到所要的那一頁，清清喉嚨後說：「蘇格拉底說，『雖然這個男人對很多人以及他自己來說是有智慧的，但我認為他其實不太聰明。我試著對他說明，他以為自己很有智慧，其實不然，結果他和許多在場的人都非常仇視我。離開以後，我自己仔細思考；這個人比我缺乏智慧，我們大家懂的可能是些毫無價值的事，可是當他不懂得時，卻以為自己明白，至少，在我不懂的時候，我知道自己不懂，因此，顯然在這個小地方我比他聰明了點，也就是當我不懂某件事時，我也不會認為自己瞭解這件事情；之後，我又去找另外一個人，這個人看起來比第一個人聰明一點，我得到完全相同的結論，而且我不僅成為他的敵人，也成為其他許多人的敵人。』」

他抬起頭，然後看著我們。「蘇格拉底表示這些所謂智者的知識，不過是不堪一擊（just a house a cards）。」

「但不像蘇格拉底對抗的那些人，我認為我們今天談到的人都非常有智慧，」約翰說。「如果有人問他們，自己是不是很有智慧，而他們說自己沒有，那他們就是說謊。」

「我認為蘇格拉底說的是，智者對他們的智慧比多數人來得謙遜。」剛才朗讀柏拉圖《辯護錄》的那個人說。後來我才知道，這個人因為重大的竊盜罪需要長期服刑，這是他第四次被捕，屬於重大罪行的囚犯。

「蘇格拉底相信，智者知道自己懂的事，不見得是永遠的真理，」他說下去。「不過，他的法官和那些迫害者覺得他這樣的信念冒瀆了上帝。你們知道嗎？那確實是冒瀆——好的冒瀆，可是他們不想處理那種事情，所以決定殺了他。」

他隨手亂翻著他的書，然後說：「你們知道還有什麼嗎？要是他們沒有判蘇格拉底那個既罪惡又白癡的死刑，我敢說他的智慧與道德勇氣不會這麼清楚地顯現出來，我打賭他的思想也無法通過時間的考驗，從此成為一種人生哲學的啟示。」

沒錯，我在監獄裡。我可以感受到周圍監禁的陰沉與壓抑的氛圍，然而我也感受到住在這裡的人所散發出不尋常，甚至是滿盈的智慧。這些人以非常誠實又深入探討的態度參與我們的對談，儘管我知道我現在所想的可能並不是永遠正確，但我確實發現，很多方面他們都很自由。相較於外面世界許多和我探討人生哲學的人，他們的確比較自由，外面的人好像住在一個自己搭建的知識監獄裡，所以，即使是監獄也可以是個有智慧的地方，一個讓人思考超越一般範圍的地方。

愛默森寫道：

> 每一種思想也都是一個監獄……因此，我們熱愛詩人，熱愛創作者，他以不同的形式，不論是一首詩、一種動作，抑或是一種容貌、一種行為，都能帶給我們新的思

想。他解開我們的鎖鏈，讓我們進入一個新的境界。

這些受刑人讓我進入一個新的境界，無疑地，我因此更自由了。

第三章

你需要的是誰？

瞭解人類的需求，是相遇時要做的工作。

——阿德雷·史蒂文生（Adlai Stevenson）

朋友

「何謂朋友？」

在第二學院咖啡館，約有四十位蘇格拉底咖啡館的常客，被今晚這個問題所吸引。就某個程度而言，我已經開始把這裡大多數的人當成朋友；事實上，我無法想像進行蘇氏探問時如果少了這些人的參與會是如何。我需要他們，不過，除了在哲學對談中所提供的重要資訊，我連他們姓什麼都不是很清楚，更別提他們的私人生活了。

我還發現我們今晚選擇談論的問題，也是柏拉圖對話錄中《利西斯篇》（*Lysis*）的中心議題，當中蘇格拉底問道，一個人如何變成另一個人的朋友？儘管深入探討了這個問題，蘇格拉底在那次對話的最後說道，他和談話對象無法解答「何謂朋友」這個問題。今晚，我們的運氣也許比蘇格拉底好一點。

「我想首先你必須列出朋友可能須具備的特質。」莎倫・海斯說。九個月前，她在偶然的情況下，第一次參加蘇格拉底咖啡館，當時她和音樂家先生理查剛好在第二學院咖啡館喝咖啡，由於莎倫才剛辭掉旅行社的工作，兩個人正在思索接下來要做什麼。在那個特別的晚上，她聽到我們正在討論「何謂直覺」，便加入我們。憑著直覺，她辭掉了工作，而蘇格拉底咖啡館則給她一個出乎想像又受歡迎的討論空間，讓她更瞭解自己為什麼會做出表面上非常瘋狂大膽的辭職舉動，而從結論看來終究並不那麼瘋狂，自此之後，她就對蘇格拉底咖啡館上了癮。「對我來說，相互尊重、心靈相通且能相互原諒對方，是最重要的特質。」她接著說。

「為什麼？」我問她。

莎倫說：「唔，除了剛才說的，我無法清楚地說明什麼是朋友。」她一手摟著她先生。「我最好的朋友就在這裡，他擁有我所提到的特性。」理查臉紅了。

「我以無條件的愛投注在每一段友誼。」麥可・迪馬特說。這位外表看來非常年輕、思慮周密的男子，已經參加蘇格拉底咖啡館好幾個星期了，但我對他幾乎一無所知，除了他不尋常的洞察力，還有我無法想像蘇格拉底咖啡館若沒有他的參與會如何。「我對每個朋友都不會有任何期待。」他又說。

「有可能嗎？」羅恩問他。羅恩是大學社會學的研究生，有著會笑的褐色雙眼、一頭長長的金髮，他是個熱情機智的男人。從一開始，他就幾乎每個星期都會來蘇格拉底咖啡館。他深入閱讀了很多書，經常能在本質差異很大的地方找出相似之處，就像其他在蘇格拉底咖啡館的人一樣，羅恩和我已經從哲學上的夥伴變成最好的朋友，他是這裡唯一和我分享內心的希望、夢想與恐懼的人，他看過最糟的我，卻沒有因此討厭我。「真的可以無條件地成為朋友嗎？」

「我是這樣認為，」麥可對他說。「我不是說我希望我的朋友也和我有同樣的友誼哲學。」

「我曾經有許多片面的友誼，」吉姆・戴維斯說道。他的表情好像永遠皺在一起。吉姆已經參加蘇格拉底咖啡館好幾個月了，我對他的事幾乎完全不瞭解，不知道他怎麼能夠提供深入的哲學看法，卻只透露出自己的基本資料。「也有過一些短暫的友誼。」他繼續說著。

退休的保險業務員艾爾・葛瑞芬問道：「你可以和某個不是你朋友的人成為朋友嗎？」六個月前，艾爾偶然來到蘇格拉底咖啡館，不久之後我們就成為朋友了。他身材高大，儀表堂堂，帶有一種「別跟我說廢話」的態度，敏銳聰穎，以前從來沒有碰過哲學這方面的書，如今，他不論吃喝拉撒睡，想的都是哲學。他重回大學，開始修哲學系的課，我和艾爾經常花一整個下午在當地的餐廳討論哲學問題，不管我是在老人中心、學校，或其他咖啡廳進行蘇格拉底咖啡館，他常都會跟著參加，他和我像是分不開似的，在別人的眼裡，我們兩個看起來一定是很奇怪的一對。他總是穿戴得完好、那麼無懈可擊，而我則經常只是穿條牛仔褲、皮靴、T恤，鬍子也只是偶爾才刮，我和艾爾不只是朋友，我們還是好兄弟。「我不明白你怎能會有完全單方面的友誼？」艾爾對吉姆說。

「這是常有的事，」吉姆說。「你可以選擇當某些人的朋友，卻不期待他們會把你當成朋友；不過當你有所期待時，你還是可以當他們的朋友，就算他們不做你的朋友。」

「那短暫的友誼又是什麼？」艾爾問。「友誼不是應該要經得起時間的考驗嗎？這不是友誼最重要的基礎之一嗎？」

「我不這麼認為，」吉姆表示。「我認為你也可以擁有那種一分鐘的友誼。如果你對某人做了一件好事——對待他們就如你希望他們對你的態度一樣——你就是在當他們的朋友，展開一段友誼，即使一段友誼能持續下去，它也是由許多片刻組成的，而在任何一個片刻，友誼都可以被中止。」

「我們或許可以回想一下友誼的起源，就可以發現有些人幾乎很快就成為『很要好的朋友』，」蓋兒・皮特曼說，她那雙閃爍又好問的雙眼躲在流行眼鏡後面。三個月前蓋兒首次加入蘇格拉底咖啡館便樂此不疲，我在機場、書店、當地的公園都碰過她，我們每次都利用偶然的巧遇來增進彼此的瞭解。我們都認為，彼此「注定」要成為好友，雖然還有一段路要走，不過藉由每一次的相遇，我們漸漸顯露出更多的自己，而且也愈來愈喜歡對方，「但這兩個人可能需要花上一點時間才會發現。」她說。

「他們到底發現了什麼，才讓他們瞭解彼此已經是朋友了？」我問。

「這個嘛，如同莎倫在討論一開始時所說的，他們發現彼此相互尊重、雙方的心靈相通，同時發現他們樂於陪伴彼此。」

「兩個人是否某方面必須有點類似才會成為朋友？」

「我覺得，完全不同個性的人還是能成為好朋友，」馬爾塔回答。「我很害羞，說話也很小聲，可是我最要好的朋友卻超級外向。」

希爾達看著我說：「我想你要問的是，一個好人是不是只能是另一個好人的朋友，而一個壞人是不是只能當另一個壞人的朋友。」

「不只是這樣，」我說。「但你剛才說的，讓我想起亞里斯多德《尼各馬科倫理學》（*Nicomachean Ethics*）中的一個章節，他說，在『完美的友誼』中，兩個人不僅把對方當成『另一個自己』，彼此相互關照，同時認為兩個人的德行相同，有鑑於此，他相信一個好人是無法和一個壞人交朋友的。」

「我不認為有完全邪惡的人，」馬爾塔想了一下說道。「此外，我覺得即使是一個最卑鄙的小人，也可能有某些善良之處，儘管他隱藏得很好。例如，我曾經讀過，即便是最卑劣的人也常有他非常喜愛的寵物，這隻寵物，我想就是他的朋友，是他最好也是唯一的朋友；而即使是最有道德的人，生命中也可能有過一、兩次誤入歧途。對我來說，意識到要偏離『正直與刻板』是如此容易的事，讓我對所謂的壞人有一種親切感。」

「我同意，」希爾達說。她總是獨自來到蘇格拉底咖啡館，好幾次我在城裡看到她，她的身旁也都沒有人。「我讀過有些人在許多方面都很邪惡，但他對朋友卻非常忠誠。比方說，我讀過許多在集中營犯下暴行的納粹份子，不知為什麼，他們對少數幾個特別的人特別忠貞，甚至願意為朋友兩肋插刀。」

「好，」我說，「這似乎還是讓人聯想到，一般道德相似的人會成為朋友。你剛才描述的人以對待集中營受害者的方式，分享同樣令人反感的性格。據我所知，他們可能病態地以為自己是好人，因此，我不知道是否只有道德顧忌相似，或是同樣缺乏道德標準的人——在對與錯、善與惡這兩方面的看法相似——才能成為朋友。」

「我不確定是不是都是如此，但我認為經常都是這樣，」雷斯頓說。他是個難以看出年紀，每次都出席蘇格拉底咖啡館的男人。他坐在遠遠的角落，假裝——也許是真的——一邊專心地看著某本他今晚剛好打開的書，一邊用力地抖著翹起來的二郎腿。「可是，我覺得應該有例外的時候，」他說下去。「我剛才讀了華特．莫斯禮（Walter Mosley）的偵探小說《紅色死亡》（*A Red Death*），書中的主角易老林談到他最好的朋友雷蒙，他說雷蒙是他交過朋友中『最真誠的朋友』，但他也說，如果有真正的邪惡，那就是像雷蒙這種人。他的朋友雷蒙會把所有傷害自己的人殺掉，晚上卻還是睡得很安穩，然而，雷蒙也還是個忠貞的朋友，好幾次易老林陷入大麻煩時，他都伸出援手救了他一把。」

他合上書。「我想我要說的是，把事情過度簡化，你能得到的最好結果也是不確定的。我想我們必須知道，大多數人的內心通常都很矛盾，他們大概都同時擁有善良與邪惡的天性，就算謹守著紀律，或『善良』到從沒有壞念頭的人也都一樣。」

「我不同意你說的，」一位名叫凱西的女子說道，上個星期她才第一次來蘇格拉底咖啡館。「我認為有些人絕對是好人，有些人則絕對是壞透了，而這影響了他們建立友誼的方式。我哥哥在重刑犯的監獄擔任英文老師有好幾年了，他和幾位受刑人都成了朋友，其中有些人是強暴犯，有些是殺人兇手，但他還是和他們做朋友。因為隨著時間增長，他在他們身上找到善良的本性。我認為，因為和他們做朋友，他們已經變成比較好的人。」

「我想他碰觸到他們內在的善良，」法蘭克‧洛斯特伯格答道。「若是如此，那他是與他們天性中『善良的部分』做朋友。就像你說的，他幫忙引導出善良的那一面，所以我不確定我們是不是能將此當作好人和壞人交朋友的例子。」

法蘭克停頓了一下，又補充：「我們可能要等到下一次蘇格拉底咖啡館才能探討到細節，不過，我剛剛發現，我們一直在談好人和壞人，而不談好的行為與壞的行為。我不認為人性本善或人性本惡，只不過是行善或行惡罷了。」

「我贊同，」另一位參與者說。「除此之外，一個人的善難道不會是另一個人的惡嗎？」

柏拉圖的《共和國》中，蘇格拉底相信，善與惡的差異並非只是觀點不同的問題，他相信，嚴格地探索人性的善惡，有助於讓人更清楚地辨別兩者之間的差異。「讓我們兩個人……就只要學習辨別善惡這一件事情就好了。」他說。不過，蒙田在一份論述的開頭就表示：「對善惡的感受大多看我們對其所持有的見解而定。」史賓諾沙則寫道，善惡的看法「對事物本身並未道出任何具體結果，也只是一種思想形式……一件事可能同時是善惡兼具，或不好不壞。」他認為這全看一個人是否把一件事或一項行為評斷成邪惡。

有些提倡動物福利的人士認為，屠殺動物是一件令人討厭，甚至是邪惡的行為，因此他們不吃肉類食品，有些人甚至認為吃肉是一件邪惡的行為。部分動物福利倡議人士則認為，除非是以他們認為不人道的方式屠殺動物，要不然屠殺動物並不是什麼罪大惡極的事情；有人則覺得，為了取得食物，不管用什麼方式屠殺動物都沒問題，問題是你殺的是哪一種動物。對某些人來說，殺一隻牛完全沒有問題，但殺一匹馬則不然，因為他們認為馬是高貴的動物；對有些人來說，因為宗教上的理由，殺牛就是罪惡，不過也有人覺得，吃貓肉、吃狗肉也沒什麼關係，甚至還成了風俗習慣。不過，不同於史賓諾沙，我不認為這些例子指出一件行為邪惡與否，可以只簡單歸結為「我們〔對它〕所持有的見解」，而這全都和「文化標準」有關，或根本就是「文化標準」。

我自己對邪惡這個主題所做的閱讀，以及我在蘇格拉底咖啡館所觸及的相關主題，讓我有一個結論，即大多數人對評判善惡行為的標準大多差不多——也就是說，這樣的行為在道德上是不好或不對的，它通常是故意的，而且會對某人或某事造成威脅或傷害，而哪些特定的行為是邪惡的行為，大家通常會有非常不同的看法。不同的信仰影響了我們對一項行為的道德善惡判斷，以及是否有故意傷害的看法，所以，每個人對於在何種狀況下，是否形成罪惡，想法常常南轅北轍。

法蘭克最後說，「我同意沒有人是絕對善良或絕對邪惡的。在大學的那幾年，我曾經在少年拘留計畫擔任英文讀寫的義工。有些少年罪大惡極，但經過一段時間的相處，我瞭解到我在許多方面和他們都很相像。我想到尼采所說過的話，『望向地獄，我看到了自己。』（I look into the abyss and saw myself.）在他們身上，我看到了我自己；我發現，我也可能和他們犯下同樣的罪行。」他微微一笑，然後說：「讓我再引述另一段話，『我活在上帝的恩典中。』（There but for the grace of God go I.）瞭解自己在天性上與這些少年是多麼相似，讓我謙卑，也讓我更加有同情心。我告訴你們，他們有幾個人都變成我的朋友，甚至成為推心置腹的知己。」

「我想發表我對朋友變成知己的看法。」一十八歲的茉莉說，再過幾個月她就要高中畢業了。在蘇格拉底咖啡館開始前，她就告訴我，她「興奮到快要發狂」，因為她申請到普林斯頓大學哲學系。「幾年前，我在這個世界上最要好的朋友偷偷告訴我，從六歲開始，她的繼父就不斷對她性侵害。在告訴我這件事之前，她要我保證絕對不會把這件事情告訴別人，而我也答應她了。我保守了這個祕密幾個星期，可是每當我一想到她為了這件事痛苦萬分的樣子，我就覺得如果不為她做些什麼就好像背叛了她。後來，我把這件事情告訴我們的歷史老師，她是一個每當我有困難就會去求助的朋友，我只是希望她能給我一點建議，告訴我該怎麼做，可是她說，身為一個老師，她有責任把這件事情告知有關單位。她馬上把我告訴她的事情呈報給社會服務單位，很快地就有人介入，好友的繼父不久就被拘禁了。我的老師一直告訴我，同時也告訴朋友，我『做的事是正確的。』但我最好的朋友卻不這麼認為。她說我背叛了她，我成了她最大的敵人，她轉學到另一所學校，我們再也沒說過話——直到上個月，她打電話給我，謝謝我當時所做的事，還說我救了她的命。她說我把事情告訴歷史老師之前，她已經快想要自殺了；雖然繼父被捕之後，她的感覺更糟，但經過幾個月的諮詢，她開始瞭解整件事情不是她的錯，背叛的人是她的繼父，不是我。她告訴我，只有最好的朋友才會冒著失去友誼的風險，去為她做這種事情。」

她停了一下，深深地吸了一口氣。有兩三個人默默地掉著眼淚。「所以，對我而言，」茉莉說，「朋友是會把對你最有利的事情放在心上的人，朋友做的事情不見得永遠都對，她為了你好而做的事，也不見得會產生預期的結果……但她永遠是善意的。」

很長一段時間沒有人說話。萬一你充滿善意的舉動，最後結果卻不如本意呢？這是不是意味著，你的行動在某個程度上，是由超乎你控制的力量所決定？或者，是不是沒有所謂的機會或命運，而即使你不知道，是不是有某種「較高力量」正牽動著宇宙之繩，讓發生的每件事情都能有最好的結果？西元一、二世紀期間，斯多葛學派道德哲學家愛彼科蒂塔斯（Epictetus）脫離奴隸身分後，成立了一間哲學學校，他相信，儘管我們無法控制所有的因素，但是我們能控制對萬物盛衰的反應，就這樣來說，我們算是自主的。「我們必須盡力地把事情做好，其他就順其自然了。」他寫道。類似的精神，尼采也有主張提到，我們雖然不能完全主宰自己的命運，但我們也不是消極的受害者，他說，我們是自己命運的共同創造者。外界的力量在行動過程中雖然扮演了某種決定性的角色，然而尼采相信，人類也是必須考慮進來的因素，不論好壞、結果是否如我們所預期，我們總是能開拓出獨特的生活。

「還有什麼有關友誼的事，是我們可以談的？」在一陣寂靜之後，我問這群人。

「我想，公平地付出也是友誼重要的特質之一。」總是睜著大眼專心聆聽每一個字的莎拉表示。她參加蘇格拉底咖啡館已經有好幾個月了，但除了知道我們共享對哲學的熱愛，我對她所知甚少。

「說什麼公平地付出是友誼的基礎，我不吃這一套，」艾爾．葛瑞芬以他典型率直的說話方式說道。「友誼不一定建立在某種平等的基礎上。」

「我想，也許你應該以另一種方式來衡量所謂的平等，」我對艾爾說，「例如，有位朋友做了一件有利對方的事，對方卻做了一千件事情來回報，那麼雙方仍然互有付出。那一件有利朋友的事情可能是一件非常重大的事情，對朋友的人生造成重大的影響；至於，對方所做的一千件事情，相對而言則微不足道。所以，友誼之間存在一種平等，一種平衡，但不是你所想的那種平等。」

「或許吧！」艾爾說，他咬著下嘴唇，用力思考，很久以前我就注意到他有這個習慣。

「我有一個住在夏威夷的朋友，我常常寫信或打電話給她，」一個穿著U2流行樂團T恤的女子說，她是蘇格拉底咖啡館的新人。「可是她很少主動和我聯絡，因此我一直在想，我是不是要放棄和她聯繫。主動聯絡讓我覺得很煩，我很氣這樣。」

「儘管聯絡的次數不同，朋友為什麼不能意識到彼此的需求？」我問她。「有一個朋友很少寫信給我或其他人，所以每當我收到她的信時，都是很特別的時刻。我常常寫一些不著邊際的信給她，但她的信卻比我的信更值得玩味。就我的情形，我不知道我們付出的比例是否相等，不過我的收穫卻比較多。」

靜默片刻後，提姆．雷蒙說，「我覺得，友誼是一種需要持續維持的東西。」幾年前，提姆因為工作意外而殘廢，但他談到那場意外時，卻似乎沒有認命或沮喪的樣子，也沒有過度樂觀。他以一種平凡深思的態度面對人生，就像我遇到少數的幾個人一樣，顯然他在細細地體會每一刻。「時間久了仍然還是朋友，友誼也會愈來愈堅定，」他說，「隨著時間過去，犯過錯，傷過情，但友誼卻持續下去，所以，存活和持久是友誼的基礎。」

十二歲的傑佛瑞．英格蘭姆突然停止翻閱他帶來的雜誌。藍色的眼睛躲在黑色的瀏海下，他露著友善的傻笑說：「大家談的都是兩個人的友誼，那麼幾個人或一群人的友誼呢？」我定期在幾家小學與孩子進行哲學思考，傑佛瑞是其中一間學校的學生。當我第一次造訪他們班上，我在自我介紹提到我是哲學家時，傑佛瑞像看到外星人似地看著我，以前他從來沒有聽過哲學家，我告訴傑佛瑞和他的同學愈多有關我做的事情，他就愈想瞭解更多。我從來沒有碰過這麼好的聽眾，更確定我從未碰過這麼年輕就對哲學思考這麼有興趣的人，白天在學校進行哲學探問對傑佛瑞來說還不夠，所以每週二晚上，他媽媽又會帶他來蘇格拉底咖啡館。傑佛瑞可能一個小時都不發一言，可是當他要發表他所觀察到的事情時，他提出的通常都是我們其他人所忽略的洞見。

「他說的對極了，」蘿黎・塞勒斯說。「事實上，我大多數的朋友都是一群人，我有一群一群的朋友。」

「也許，」我說，「我們能否單就一個人來談友誼？我不能是自己的朋友嗎？」

「我想可以的，」一位蘇格拉底咖啡館的新人說道。「但我覺得，不管你是與自己，與另一個人，或與許多人做朋友，如果你要保持長期的友誼，在某個程度上，最好不要有任何批判。」

「真是這樣嗎？」我問。「還是一個朋友可以非常具有批判性，但並非用不好的方式？還有誰比最好的朋友更能評斷自己，且提供建設性的批評？」

「我同意你說的話，」羅恩表示。「尼采曾說，朋友應該是彼此之師，如果朋友要成為彼此之師的話，就不能感情用事，必須有某個程度的批判性。對尼采來說，朋友的責任就是幫助朋友增加自制力。」

在省思所有對友誼的看法時，我們再度陷入短暫的沉默，過了一會兒，理查・海斯問道：「朋友有什麼用途？」

「你的意思是？」另一位參與者問。

「這麼嘛，柏拉圖《利西斯篇》對話中，很多人都同意，就某方面來說朋友對彼此都有用途、助益，否則，他們就不會成為朋友。我很好奇大家對這件事情的看法。」

「我認為這是真的，毫無疑問地，」莎倫說，「我敢說，甚至那些說自己對朋友沒有任何期望的人，都會覺得朋友對他們很有用，就算他們從來沒有說是什麼用途。朋友滿足了他們某種需求。我並不是說朋友『被剝削』或『被利用』，我說的是，他們在某種意義上是有用的。」

「他們可能滿足何種需求？」我問。

「唔，以我的情形來說，不管是最好的朋友或酒肉朋友，每個人都讓我覺得這個世界比較不那麼簡單，」她回說。「對我而言，他們都滿足了我最基本的需求。我相信康德說的，對友誼的某些影響，在乎的不是它的意義而是它的結果。我想他的意思是，朋友都會努力討好對方，過程中我們可能滿足了自己，但實際上卻是為了對方才這樣做；好比說，我邀請你和我一起去露營，所以我確定你一定也會喜歡這一次的出遊。」

問題好像還沒結束：何謂好的友誼？友誼失敗的原因？有破壞性的友誼嗎？友誼是如何形成

的，與其他關係有何不同？友誼是如何建立又是如何破裂的？書可以成為你的朋友嗎？這場對談比平常進行得還要久，現在已經將近午夜了，大家好像都還不想結束談話，不過，我還是請大家提供最後幾個想法。

安是最後發言的其中一個，一綹金色的髮絲從一頂非常亮麗的帽子中露出來。她稱呼我「教授」，我告訴她，我不是教授，我離教授還差得遠，但對安來說，我就是教授，就是這樣。幾個月前，她第一次出席蘇格拉底咖啡館時，就陸陸續續地透露了一些自己的人生經歷，大家都明白她已經克服了恐怖的經驗和苦難。這位歷劫重生的快樂女子，並沒有因為自己的過去而憂愁，也不會浪費時間去後悔，她反而以此為跳板，訓練自己具有奇妙的心神領會與獨立思考的能力。我知道，她已經把蘇格拉底咖啡館當作某種天堂。和往常一樣，她今天一直都很專注地聽別人講話，自己沒有發表什麼意見，直到快結束的時候。

「詩人兼劇作家歌德說，朋友是『相互增長』，」安開口說道，「我大致上同意他的話。對我來說，朋友是在你最糟的時候接受你，激勵你成為比較好的人。」

「阿門！」莎倫說。

然後我說：「我認為這個社團就是我的朋友，透過對談把我們繫在一起。」

又是一陣感到愜意的沉默。我想著這些年以來或大或小的事，讓我失望或者是我讓他們失望的朋友們，想著和我一起度過起起伏伏的朋友們，我還想到，許多朋友不僅還在，而且關係更友好，或許是因為我們願意接納彼此最糟的情況——因為這份意願成了動力，讓我們成為愈來愈好的朋友和成為更好的人。

「那麼，我的朋友，」我最後說道，「讓我們繼續思考友誼的真諦。」

我看著艾爾、理查、安、提姆、莎倫、蓋兒和羅恩，我想說些什麼。明天我就要搬到加州灣區了，我確信自己已經把這裡的蘇格拉底咖啡館交給了合適的人，有幾位現在已經非常擅長舉行這種對談，他們會繼續下去。我期待抵達加州後，很快就能協助幾個地方舉辦蘇格拉底咖啡館，但搬家一直是個痛苦的決定，我不知道在那裡能否結交像這裡一樣珍貴的朋友，我希望讓這裡的每一個人知道，他們對我的意義有多麼深重，但就是不知道該如何表達。

莎倫幫我說了。「我們也愛你。」她說。

孩子必能引導我

我需要和孩子一起思考人生的哲學。

沒有人像孩子那樣問問題——那麼好奇，又那麼審思。這不只是因為孩子喜歡問問題，還因為他們本來就靠問問題維生。

我第一次造訪華盛頓州西雅圖附近一所學校的五年級學生，我用亞里斯多德的《尼各馬科倫理學》中的一句：「好奇為哲學之始。」作為開場白，這句話和蘇格拉底在柏拉圖的《泰提特斯篇》（*Theaetetus*）中所說的話相當類似，也就是說，好奇心是「哲學家的標誌」。

「什麼是好奇？」一個小孩在我還沒能來得及繼續下去以前立刻發問。我已經對許多成人團體做過同樣的「好奇心」演說，但這還是第一次有人問我這個問題。

「你認為好奇是什麼意思呢？」我反問。

「我不確定，」他回答。他撥開深棕色的瀏海，直望著我，滿臉的生氣蓬勃，然後說：「我可以告訴你，我對什麼好奇，但我不確定這和什麼是好奇是否有關係。」

「聽起來似乎是一種讓我們多瞭解好奇是什麼的好法子。」我說。

「我很好奇其他小孩對我的看法，」他輕聲說道。「我想知道他們看到什麼，我想知道他們看到的我，是不是一個好人。」他好像說完了，但接著又說下去：「有時候我會很忌妒其他小孩看得到我的臉，我永遠看不到，除非照鏡子——而鏡子永遠是曲解的。」

他的老師顯然對這番表白感到驚訝。稍後她告訴我，這個小孩很少在課堂上說話，以前更從沒有透露過自己的事，我想告訴她：「這可是哲學呀！哲學對小孩有神奇的作用，小孩對哲學也有神奇的作用。」

在狄更斯的《勞苦世界》（*Hard Times*）中，惡名昭彰的湯馬士・葛來格蘭除了嚴厲冷酷的現實，其他一概不信，他訓誡女兒：「絕對不要好奇！」因為他相信要培養良好的判斷力，應該「不屈從於情緒與情感的教化」，然而，蘇格拉底卻相信，一個人缺乏好奇心，就無法培養、磨練推論判斷的能力。

孩子們不會停止好奇。在《現代心靈的產生》（*The Making of Modern Mind*）中，小藍德爾寫道：「延長幼兒期」可以「在別人已經到達其能力與自然資源的極限時，仍繼續學習下去。」就我而言，我的「幼兒期」無疑地被「延長了」——我的探問與熱愛學習的天性一直被培養著——主要是歸功於我常與小孩探討人生的哲學。

小孩比其他和我探討哲學的人，更令我有感受。他們幫助我瞭解事物；此外，我的經驗是——大多數的小孩不知道如何說謊，他們在試圖找出探討的答案時，有一種大人所缺乏的誠實。當他們的觀點無法通過檢視時，他們有一種自動自發且樂於「自我修正」的精神，可為眾人之典範。

從生物學家轉為心理學家的皮亞傑（Jean Piaget）從一九二〇年代起，將其一生的工作投注在觀察與解釋兒童的心靈成長，他主張，孩童的思想和蘇格拉底以前的思想家很相似，兩者的信念都缺乏凝聚力。稍早之前，美國實用主義哲學家威廉・詹姆斯（William James）已經提出，年輕人的世界「精力旺盛又吵吵鬧鬧的迷惑」（blooming buzzing confusion）。但紐約大學心理學教授布魯納（Jerome Bruner）在文化心理學的新興領域中，他那部劃時代的著作則提到，這樣的見解與大量引人注目的證據不符。布魯納深入研究兒童心理發展以及他們對文化環境關係的經驗，他發現幼兒與學齡前孩童對問題的探討都不會直接遵循「這個世界」，而是遵循他們掌握

「有關這個世界」的「信念」。他主張，在早期的發展過程中，孩子努力賦予這個世界與他們的文化一個意義。他們「比之前所以為的……更聰明，更積極，而不是反應的。」而且，他們並不會從精力旺盛又紛擾喧鬧的困惑中去看世界，他們高度地「關注周遭眼前的社會環境」，並有系統地組織較大家原先所以為的更為複雜的信念系統。

美國教育與社會的重要評論家約翰・侯爾特（John Holt），將他整個職業生涯都用在孩童如何思考與學習的研究上。在他的經典論述《孩子如何學習》（*How Children Learn*）一書中主張「小孩有比大人學得更好的傾向」，因為他們「具有一種符合他們狀況的學習風俗，直到我們訓練他們拋開這種風格前，都能夠很自然地善加利用。」侯爾特感嘆，成人常喜歡用破壞兒童學習熱情的那種僵化學習技巧，來取代孩子天真與永遠無法滿足的好奇心——這是一種「自然有力的思考方式」。「適應，領悟，維持，小小孩子愛世界，」侯爾特寫道，「這是他們學習力這麼強的原因；原因就是愛，而不是任何思考的訣竅或技巧，這才是任何真正學習真正的重點所在。我們能否容許孩子透過這份愛來學習和成長？」

超越信念

今天的哲學探索剛結束，除了傑瑞米，所有的小孩都已經離開跑去休息了，而他還在灣區小學圖書館內徘徊，這裡是我們每週一次舉辦蘇格拉底咖啡館的地方。他扭著手，好像非常專注地在研究什麼。

「你對討論會有什麼看法？」我問他。

在今天的對談中，我們嘗試著找出「何謂信念」的答案。討論當中，傑瑞米談到，晚上家人睡著後，他和弟弟常常會望著窗外的天空。「有時候，我們會看到好像有不屬於任何東西的光飛過去，」他停了一下。「我弟弟說，那是飛碟，我告訴他，那只是飛機，但他就是不相信我的話。」

「不過，你也不相信他。」我跟他說。

對此，他回答，「那是因為我知道他說的不是真的。」

我逼問他，「可是你不覺得他相信那是真的？」

傑瑞米點點頭。我要他和其他孩子思考這個由來已久的哲學難題，是否信念就是我們所信以為真的事，無論我們是如何得到它。我特別想到柏拉圖的《泰提特斯篇》中，蘇格拉底探索到可以把信念說明清楚的方式，前提就是要能以言詞表達信念，細說分明，但蘇格拉底再深入探討做出的結論是，只有當你能就你的信念，提出令人心服口服的分析時——以傑瑞米這個例子來說，是他之所以相信自己看到的物體是飛機的原因——那個信念才能被視為意思分明。

另一個叫史考特的小孩問傑瑞米，為什麼他那麼確定他弟弟看到的是飛機，而不是不明飛行物體。傑瑞米回答：「因為黃昏時我看過天上有同樣的光，而那些光都和飛機一起，所以，我認為如果它們在黃昏的時候是這樣，那麼晚上你雖然沒有看到飛機，但那種光一定就是飛機的光。」傑瑞米的回答是一種科學的思考方式，以經驗、觀察和演繹為推論的依據，然後得到這個令人不得不接受的結論。

但史考特還是沒有被他完全說服。「可是，你怎麼證明那不是飛碟？」他問傑瑞米。

「我想，我沒辦法，」傑瑞米回答。「不過我認為，我相信那是飛機的證據，比我弟覺得那是飛碟的證據還多，我敢說，有一天我弟一定會瞭解那不是飛碟，就像以前他相信有聖誕老公公一樣，現在他知道聖誕老公公不是真人。」

這讓我想到一個問題：「他怎麼相信聖誕老公公不是真人？」

傑瑞米想了一下，然後聳聳肩：「我猜和我一樣吧！沒有證據可證明。對我來說，聖誕老公公變成是一個童話。」

「所以，這說明了信念是什麼？」我問他。

這個深思熟慮的小孩在回答前又花了點時間把問題想了一下。「信念就是某些我相信是真的或假的事情；不過，如果它是虛假的——就像天空的光線不是從飛碟上來的——那就是一個錯誤的信念。」

傑瑞米嚴謹的回答，讓我想起我最喜歡的哲學家之一，也就是很少人賞識的十九世紀哲學家克里佛（William Kingdon Clifford）。在他鮮為人知的論述《信念的源頭》（*Origins of Belief*）

中，克里佛就一個人行動的對錯來探討信念。「對與錯的問題和他的信念有關，」他寫道，「非關信念的重要性，非關信念為何，而關乎他如何得到這個信念；非關信念結果的真假，而關乎他是否有正當的理由相信他面前的證據。」克里佛相信，「誠摯的佩服」，除非像傑瑞米那樣耐心探討，正正當當地獲得，都是「透過聆聽偏見與情感的意見而竊取得來」。

與他同期的美國哲學家暨哈佛教授威廉・詹姆斯，以其特別的實用主義發展出一種不同的哲學。在其廣受好評的論述〈信念意志〉（Will to Believe）中表示，在某些情況下，「放棄（克里佛所提倡的）如此嚴密的〔探問〕程序是合理的，」他主張「我們可以容許在沒有足夠的證據下去相信一件事，只要它行得通。」對詹姆斯來說，如果一個信念看來很有力且非常重要，那我們就有義務問自己：「我到底是要接受它？還是不管它？」詹姆斯的選擇是：接受它。「我們的錯誤必定不是那麼嚴肅的事，」他寫道，「在一個不管我們多謹慎都確定會發生錯誤的世界，與其為了它過度神經緊張，放寬心一點似乎比較健康。」傑瑞米透過耐心探問的方式，然後真誠地相信（或不相信）聖誕老人，顯然克里佛與詹姆斯兩邊對信念而起的衝突，傑瑞米是站在克里佛的那一邊。

傑瑞米和父母以及七個兄弟姊妹住在一間兩房公寓裡，他的三個哥哥都已經輟學，對一個聰明、觀察力強的小孩，同時又是個特別的學生，我常常希望他有機會能上大學。可是，每次當我提起這件事，他就會給我一個他做不到、他不敢相信會有可能，以免希望破滅的表情，後來我帶他去當地的大學參觀了幾堂課，並拿了一份目錄一起翻閱。我告訴他可以拿獎學金進大學，並給他看入學許可和獎學金申請表，此後傑瑞米變得很興奮，他經常以非常專業的口吻談論大學的種種，那已經不再是個如此令人畏怯和超過他所能掌握的地方。慢慢地，他也會發展出一種真正的自我信念，相信他有朝一日一定也會進大學。顯然傑瑞米很高興我對他這麼關心，我也因為這個特別的孩子可以成長茁壯，同時發展出自信，而感到相當滿足。

然而，今天在我們每週一次的聚會結束後，當我問他喜不喜歡這場特別的哲學討論時，傑瑞米卻異常安靜，他久久沒有回答我的問題，他的腳跟來來回回地晃著，漫不經心地撥開眼前長長的瀏海，最後他嘆了一口氣，然後用我幾乎快聽不到的聲音告訴我：「我爸試著要我相信，他昨晚沒有把我打到牙齒流血。」話說出口後，他的聲音變得比較堅定。「可是他真的做了，我知道他做了。」他繼續告訴我，當他告訴媽媽這件事情時，他爸爸對所有的事情一概否認。他說，他爸爸說的話非常有說服力，連他自己都差點相信他。「他說謊。」傑瑞米說。他讓我看他新長出來的門牙，他的門牙有點鬆動，上面還有乾掉的血跡。這個天性溫厚的孩子舉止間透露出他的憤怒、受傷與困惑，他不再像這個年紀的孩子那樣天真。「我知道我該相信什麼，也知道不該相信什麼。」這個五年級的學生對他自己，同時也是對我說。

我很確定傑瑞米的父親傷害了他，而我也告知他的老師他剛才告訴我的事。當我對他的老師說這件事情，她也馬上向我保證，她會立刻與該市的社會服務部門聯繫時，我忽然體認到，如果我們今天不是剛好討論到「何謂信念」這個話題，傑瑞米很可能不會告訴我他父親傷害他的事。

年輕而世故

如同孩子們可以機靈地區分誠實和不誠實，真實與謊言，他們知道有無竭盡全力投入他們的熱情、靈魂、精神、想像力與批判力的差別，還有是否睿智地回答問題，抑或漫不經心地提出任何想到的「老套答案」，不管它合理與否。「好吧！有道理，」大人也許會這樣回答，「或許如此。但他們說話的時候不是那麼正直，他們還必須發展高度的觀察力。」喔！但是他們真的具有高度的洞察力，與孩子們進行蘇氏對話，讓他們有機會表現高深的見解。

哲學家俱樂部

「何謂沉默？」

今天是星期三，我們每週兩次的團體聚會在下午兩點準時開始。我和二十一位凱撒・恰維茲小學四、五年級的學生在一起，這所學校位於舊金山市中心一個貧窮卻充滿活力的教區裡。孩子們和我都坐在學校圖書館舒服的沙發上，我們喜歡在圖書館聚會，那裡不那麼正式，氣氛也很輕鬆，對我來說，很方便讓我偷偷享用餅乾和果汁。對外面世界的孩子而言，這個地方毋寧是個綠洲，因為外面到處都有販賣毒品，而加入類似紅黨、藍黨和北街幫的年輕無賴，則在附近的街道角落出沒。

我們這一幫叫做哲學家俱樂部。幾年前，我第一次造訪這些住在輟學率超高學區的小孩時，他們甚至連哲學這個字都沒聽過，現在他們已經無法想像沒有哲學的日子。「哲學家想出問題，讓我們去想答案，然後再想出更多的問題」，這是我現年九歲、小學四年級的哲學家朋友拉菲對哲學探求的形容。

來自厄瓜多、說話輕柔的威爾森，有一雙敏銳的藍色杏眼，他建議把我們的聚會日稱為哲學家俱樂部，他的年輕哲學家朋友都很喜歡這個稱呼，於是就生效了。

最近這一次的俱樂部聚會，他問他們：「何謂沉默？」

他的問題立刻讓我想起幾個對沉默的看法。最近我剛重讀巴西教育家保羅・費爾利（Paolo Freire）的《被壓迫者的教育學》（*Pedagogy of the Oppressed*），裡面寫到一種「沉默的文化」，構成這種文化的人們因其一生受到剝削與壓迫，因此宿命地認定自己對本身的生活沒法有太多支配或根本無法掌控。這使我想到，這些小孩的父母親，許多人就是生活在這種環境下。法國現象學家梅洛龐蒂（Maurice Merleau-Ponty）針對沉默提出一個非常不同的看法，他在《在可見與不可見之中》（*In The Visible and the Invisible*）一書中，他形容沉默是所有語言的基礎，「對於我這種積極參與世界對話的角色，我的沉默對說話與聆聽都是必要的。」然而某些沉默的形式卻顯示出一個人在面臨參與對話的重要機會時，突然退縮。比較文學教授施蘭特（Ernestine Schlant）在她備受好評的著作《沉默的語言：西德文學與大屠殺》（*The Language of Silence: West German Literature and the Holocaust*）中分析西德文學——尤其是針對非猶太裔德國作家的小說——與大屠殺妥協的努力，以及對戰後西德社會的衝擊。她提出一個令人迷惑的結論，即在這種文學中，常常出現「沉默的語言」，其中受害者與他們的苦難完全被忽略。

我的沉思被威爾森打斷，他修正原本的問題：「呃，事實上，我真正想知道的是，如果周圍的每個人都在尖叫，我們有可能靜下來嗎？」

他發現我對這個問題的認知有點遲鈍，立即解釋：「晚上我想睡覺的時候，老是聽到尖叫聲——外面流氓的喊叫聲，鄰居的尖叫聲，所以即使我不出聲，我還是沒辦法靜下來。」

他停了一下。我們靜靜地等他把自己的思緒整理好，然後他說：「我想知道的是，如果身邊的人都在尖叫，你能真的靜下來嗎？因為就算你摀住耳朵，還是可以聽到每個人的聲音。」

「我們來做個實驗。」我說。當哲學家俱樂部所有人尖叫時，我們輪流摀住耳朵，不出所料，我們盡其所能地在身邊築起來的沉默之牆，都還是被尖叫聲給打破了，因此，我們大家得到了一個結論，當你身旁每個人都在尖叫時，實際上你不可能安靜下來，而你也不可能讓自己身處於安靜的狀態。

小組中另一位特別安靜的小孩，從祕魯來的衡・卡洛斯說：「即使一個人可以躲避所有的噪音，他還是不可能安靜下來。」

他從我的表情知道，我可能不是很瞭解他想表達的意思，但就像哲學家俱樂部其他的小孩一樣，他對我很有耐心，因為他知道，有時候像我這種大人，在運用與孩子同樣的熱中方式進行哲學探索時會有些困難。他向我解釋：「即使你對其他人都不出聲，你還是無法安靜地面對自己。我可能沒有大聲地說出來，但我還是在和自己說話，就算沒有人聽到，腦袋裡仍然在和自己對談，我沒辦法關掉腦袋裡的聲音，所以安靜不下來，不是嗎？」

我們又做了一次實驗，大家試著讓自己完全安靜下來，「關掉」我們心中一個或是多個聲音，然而我們每個人都發現這根本是不可能的任務。

大家陷入外在形式的沉默，專注於自己內在的聲音，就這樣過了好幾分鐘。「你可以靜下來，但卻不可能完全安靜。」從瓜地馬拉來的特教學生拉菲打破沉默。

「怎麼說？」我問。

「這個嘛，我們剛才表面上是安靜的，但在我們腦中卻不是如此，」他說，「所以剛才我們是安靜，卻不是完全的靜默。」

拉菲的輔導老師剛好參加這次的討論，他臉上露出震驚的表情。聚會一結束，他就把我拉到一旁對我說：「以前，我不認為拉菲能夠思考這種事情。」他有點不好意思地又說：「像我就無法那樣思考。」

確實，拉菲可能有學習障礙，不過想要超越，並不會有什麼限制；事實上，儘管他有學習困難，但我認為拉菲和哲學家俱樂部的其他成員，都是天賦異稟的學習者。

這讓我想要問，何謂天賦異稟？

每回我首次和兒童團體進行哲學思考時，我都會帶一個盛了半杯水的玻璃杯，然後問孩子們：「這個杯子是半滿？還是半空？」上次我和一組經過挑選「天賦異稟」的小孩做這個活動時，他們只針對半滿或半空這兩種可能性相互爭論，而沒有想過其他的可能性。

哲學家俱樂部的成員可不是這樣。「杯子是半空，也是半滿的，」卡門在我提出這個問題時說。「杯子裡一半有水，一半沒有水。」

接著，艾斯提費尼亞說：「杯子是半空與半空的！一半少了空氣，一半少了水。」這位有著一雙天真無邪眼睛的五年級學生大咧咧地笑著，他對自己的洞察頗為高興。

來自墨西哥、金髮白皮膚的阿圖羅說：「杯子是滿滿的，裡面充滿了水和空氣的分子。」此時同樣來自墨西哥、有著天真無邪臉龐的派勒，插嘴說道：「不過，杯子也全部是空空的，除了水和空氣，什麼都沒有。」

然後，照例要等很久才開口的拉菲說：「那中間的東西是什麼？」

我看看杯子，再看看他，我不明白他看到什麼。「你的意思是什麼呢？」

他拿走我的杯子，輕輕地搖晃，水的表面因而移動。「這裡，」他說，「水和空氣交界的地方，與是空或是滿沒有任何關係，不是嗎？」

如果和古希臘哲學家季諾（Zeno of Elea）一起討論其有名的詭辯議題，這個小孩可能能夠與對方匹敵。在一個似是而非的議論中，季諾說，為了從A點到B點，首先你必須走完一半的路程；但為了走到中間點，你還必須先走完這段距離的一半……你首先必須走完一半的距離，與一半距離的一半……等等，接下來就沒完沒了。事實上，為了開始這趟旅程，你必須經過無數的點——一件季諾認為無法在任何有限時間內完成的事，因此，他的結論是，你連走出第一步都不可能。我想知道季諾會對拉菲說什麼，是杯子中空氣和水可以連結，還是兩個有限的空間之間有一個巨大的分隔——這就像季諾所提出的橫跨A、B兩點距離一樣令人困惑且似是而非的問題。

這些小孩都從這個杯子看到其他和我一起進行哲學思考的孩子，所看不到的東西。

所以我再問一次：誰是天賦異稟的人？何謂天賦異稟？在尋找蘇格拉底這一部分，我可以很清楚地告訴你，我遇到最有天分的孩子是那些凱撒小學「哲學家俱樂部」的小孩。雖然在某些情況下，他們的三R，也就是閱讀、書寫和算術（Reading, Writing, Arithmetic）的能力，可能低於一般標準，但是他們在第四個R——推論（Reasoning）的能力——卻是無可比擬的。

走筆至此，我好像可以看到拉菲突然從椅子上站起來，對自己最新的哲學發現感到興奮莫名；我看到他在思考時用手揉著額頭上的紋路，按撫著自己的心靈。我看到他向前挨著桌子，露出深深的酒窩笑著，隨著他熱中於對話，他的雙手忽而緊握忽而放鬆。我看到他突然打住想說的話，暫不開口，先整理湧現在他心中，互相角力位置的話語、思緒、概念。我看到他一臉平和地把所有的問題都安置好，然後慢慢地把心中所想的事情說出來。

這裡的每個小孩都讓我想到蘇格拉底，尤其是拉菲，他擁有一顆結合了哲學家、詩人與科學家的熱情、靈魂、精神，以及永遠無法滿足的好奇心。

年輕人與年長者

小孩和老人——或如我稱呼他們，年輕人與年長者——是很相似的人，然而，他們許多共有的事物卻解救了我們其他人以及這個有缺陷的社會。為了避而不見，年長者通常被安置在療養院和老人住宅區，這些住宅都還相當漂亮且別出心裁，同時也提供了許多不算考慮周到的活動課程，只是這些都無法彌補他們喪失了獨立、家庭、家人以及個人身分。老人家通常都比較深思熟慮，但很少有人願意和他們一起思考，他們傾向於想什麼就說什麼，不過卻很少有人想聽真話。人愈老，就愈單純，愈容易受到傷害，也愈有思想——就像孩子一樣。當他們變得愈來愈像孩子，那些不是「高齡者」的大人，就會用對待小孩的方式來對待他們——一副高人一等的樣子，有時候矮化他們的人格，有時候隨便罵人。

如同老年人一般，小孩也會誠實地面對錯誤，然而，「一般大人」對待小孩常常就像對待老人一樣，好像看到他們，但就是不願傾聽他們的心聲。誰有時間聽你說話？父母親要不是忙於讓家裡的收支平衡，就是把所有的心思都放在事業的衝刺上。許多小孩對「主要」照顧他們的人——日間保母、奶媽或其他人——遠比對自己的雙親還要熟悉。

可歎的是，小孩和老人又常常是社會的邊緣人，或是被拋棄的人。不過他們在社會中的特殊狀況也使他們團結在一起：年輕人和年長者相互需要，他們需要一起來進行哲學的探究。不同於大多數的大人，老人和小孩共同分享執著與熱情，他們渴望不停地詢問：為什麼？為什麼？為什麼？

那麼老？

早春，在紐澤西蒙特克利爾一間光線充足的特別研究室內，由一群三十六位老人和小孩組成的團體，齊聚在一張長方形桌子邊。下午兩點整，三年級老師布蘭達・宋德斯牽著她的學生，從約一百碼遠的小學走路過來，而所有老人——我在當地咖啡館和老人住宅區協助成立的蘇格拉底咖啡館的常客——已全數抵達。

一共有十八位年輕人和十八位老年人，而我介於中間，但肯定又比較接近年紀大的那一邊。我技巧性地安排小孩和年長者交叉坐下。我知道沒有一個年輕人曾經遇過這些即將一起參加活動的老人，但他們一坐下，年輕人和年長者就開始互相交談——一邊喝著檸檬汁，一邊吃著巧克力脆餅——就好像很久沒有聯絡的朋友。

當我開始邀請本地每個參與蘇格拉底咖啡館的老人參加這次對談時，他們告訴我絕不會為了任何事而錯過這次的活動，其中有一個人跟我說，「你給了我向最年輕的老師討教的機會。」

當我要求大家提出一個問題討論時，一位名叫海倫的老人看起來有點迷惑。她先舉了手，之後又放下，然後又舉起手來。「我有一個問題。」她說。

「好啊！」我說。

「前幾天，我告訴某人我在上大學，然後我告訴她我的年紀時，她說，『你沒有那麼老』，」海倫述說著。「當時，她說的話並沒有困擾我，不過我現在不曉得她的話是什麼意思，我懷疑她知不知道自己在說什麼，我的意思是，我想知道……多老才叫『那麼老』？」

「誰能回答這個問題？」我問。

提亞立刻高舉起手來，儘管她的嘴裡塞了一半餅乾。「那麼老，」這位思慮周密的三年級學生說，「就好比，一百歲左右。」

「怎麼說？」我問。

「因為當你九十歲的時候，你老了；當你一百歲時，你就是那麼老。」

「所以，你似乎把『那麼老』等同於『真的老』，」我說，「那麼……為什麼一百歲是『那麼老』，而九十歲就不是呢？」

「一百歲聽起來剛好。」她露出天使般的微笑。

「聽起來剛好，」我又重複了一遍。「嗯……讓我們看看其他人能不能幫上忙。」

她的同學亞歷克斯迫切地答說：「如果你很年輕，即使十歲對你來說也是很老或『那麼老』；如果你四十歲，那六十歲就很老了，」亞歷克斯說。他是目前班上長得最高的學生，看起來至少超齡兩歲。「因此，是不是『那麼老』就要看你幾歲而定了，如果你十歲，你認識六十歲的人，那他們就是『那麼老』。」

「但是，什麼是老呢？除非我們知道老本身是什麼，否則你要如何以把它等同於這個名詞的方式，或以其他所有我們看待老這件事的方式，來解釋什麼是『老』？」

他沉思了片刻。「老就是當你滿頭白髮的時候。」最後他這麼說。但我看得出來，他話一說出口就對自己很不滿意，接著他看看坐在身旁的桃樂西，這位八十歲的女士就有著滿頭的銀髮，亞歷克斯用手遮住臉，想掩飾自己的尷尬。

桃樂西在他背上輕拍了一下，然後對他說：「我有一個妹妹十九歲就有白頭髮了，因此，對我來說，白頭髮並不代表老，而有些白頭髮的人會去染髮，所以你不能以此作為依據。」

在座的長者馬克・艾文斯說：「我想『那麼老』這個問題，在於『到』這個字……」

「怎麼說？」我問。

「我可能會說，我老到有孫子了，」馬克回答。他是個退休的警察，目前是某區毒品防治計畫的主管，這是一個純屬志工性質的工作。「當我說類似這種話時，並不是一種判斷，這不是在說事實上你是老還是年輕，除了我老到可以有孫子之外，我不會根據我所說的話下任何結論，所以，『到』這個字是個限定詞。我可能會說『我老到可以投票了』或『我老到可以合法開車了』；以這種方式，老只代表年紀開啟或結束了我某些可能性——就只是這樣罷了。」

另一位年長人士凱倫．珍金斯接著說：「以前我從沒這樣想過，但我覺得馬克說得對。如果我說，我老到可以有個女兒或老到可以當個祖母，就像馬克說的，這都不代表我老了或『那麼老』。就像一個三歲的小孩已經大到可以騎腳踏車，我是『那麼老』，老到可以有個女兒和孫女，或我是『那麼老』，老到有足夠的經驗可以寫本自傳了——我正在做這件事情！所以，看待『那麼老』的方法，與我們能或不能去做某件事或擁有什麼有關，而另一個方法，則是把它視為決定我們是不是有資格或能力，去做某件事或成為某個人的方式。」

「到目前為止，根據這裡的年輕人所說的，『那麼老』就是老……老……老了，」桃樂西說，「這件事真的有點戲劇性，最終我們都還是要面對它，然而卻不是每個人所期待的事。可是有些人期待它的到來，他們把它稱為黃金歲月，當然，我不認為自己是高齡者，我是個再生的年輕人。」不管老的小的，每個人都笑了。

她繼續說：「我對學習的熱愛從來沒有變老，我還是喜歡上課，學習一些新把戲。目前我在上社交舞的課，我還在學中文，好讓我可以在中國小孩托兒中心擔任志工，這些孩子才剛移民到美國。」

她說的話讓我想起蒙田對蘇格拉底的頌辭：「蘇格拉底最非凡的一點是，他在老年時還找出時間去學舞蹈和樂品，並認為自己善用了時間。」在蒙田辭世前不久，他寫了一句與桃樂西對老年哲學相互輝映的格言：「我擁有的人生愈短，愈要使它更有深度、更加充實。」

我望著芭芭拉，她定期出席當地舉行的蘇格拉底咖啡館，她是一個好辯者。今天她和往常不太一樣，出奇地安靜。她出神地聽著孩子們說的話，自己卻什麼也沒說。「芭芭拉，妳認為呢？」我問。

「很多人好像都不喜歡說他們老了，因為他們覺得老是一件不好的事，」她隔了半晌才說：「變老也有一些好事，比方說，桃樂西會被尊重，因為她老了。你可能會說她『那麼老』，老到受人高度敬重。」

「當你老的時候，大家對你就不會那麼挑剔，」她接著說下去。「因為你老了，他們認為你懂得比較多，所以會聽你的話，不過，我並不確定老人懂的事會比較多，我想在小孩身上你也可以學到很多事，就像我已經從這些孩子身上學到許多，只是你從他們身上學到的和從老人身上學到的事不同。」

她停了一下，再以堅定的語氣說：「樹會長大，家具會變老，紀念品會變舊，但它們也因此變得很珍貴。這就是為什麼大家都會跑去古老的紅木林，因為這些樹愈老愈珍貴，這也是為何珠寶『愈老』對我們愈珍貴的原因。」

她又說：「每件事都會隨著時間有所變化，每件事物也都會老化。有人認為時間是最大的敵人，他們不希望事情有所改變，但變化是生命的一部分，就和時間一樣。」

歷史上許多赫赫有名的哲學家確實把時間與變化當作敵人，他們認為時間與改變是虛假的，而「最終的真實」（ultimate reality）是超越時間與變化。舉例而言，蘇格拉底以前的哲學家，像畢達哥拉斯——是個數學家、神祕主義者，也是一個相信靈魂不滅與輪迴的宗教兄弟會的創始人——就將完美與永恆連結在一起，他認為變化是一個可怕的錯誤，然而西元二世紀的羅馬帝王暨哲學家奧利里亞斯（Marcus Aurelius），他是一個主張死亡與出生一樣自然的斯多葛學派擁護者，他曾寫道，「時間與變化攜手，『事情一直變化並非不幸』。他相信，時間與變化『非常合於宇宙的自然法則……你們不明白嗎？對你自己而言，改變也是一樣的，對宇宙自然法則也是一樣必要的。』」考夫曼更進一步主張，時間和變化不僅是不可或缺的夥伴，同時也有點像藝術家。他說，不論好壞，時間改變了每一件事物，也讓其變形。他認為：「時間帶有破壞性——一如老雕刻家在石頭上工作；老臉上的表情比年輕人臉上的表情更豐富，老牆與雕像也一定比新的更饒富趣味。」雖然如此，史蒂芬・金在《綠色奇蹟》中非常生動地將時間所具有的破壞傾向突顯出來，這本小說裡敘述故事的百歲人瑞保羅被孫子「強迫」送入療養院，「這裡的時間像是一種弱酸，先是消除你的記憶，再來就是消除你活下去的慾望。」保羅說道。

「你對老和『那麼老』這個議題有什麼看法？」我轉向薇若妮卡，到目前為止，這個含蓄的九歲孩子都還沒有說過一個字。她一邊思考著要說的話，一邊用力地拉扯著自己的兩根辮子。

「有時候，你問年紀比較大的人問題時，」她最後表示，「你可以從他們所說的話就知道他們懂得比你多。我問我祖母很多問題——像是學校的建議或協助這類事情等等——，因為她『那麼老』，老到有許多的經驗。」

「你說的經驗是什麼意思？」我問。

「唔，她學到的東西比我多，她經歷過很多事，因為她活的時間比較久，所以，她知道的事比我多。如果我和朋友有任何問題，或學校有什麼困難，她大多經歷過類似的事了，因為她可以根據她的經驗給我一些很好的建議。」

「因此，你覺得變老——變得像你說的『那麼老』——，在很多方面都是一件很好的事囉？」我問。

「我是這樣想的。」薇若妮卡回答說。

「我也是，」芭芭拉說，「我舉雙手贊同。我認為如果我『那麼老』，應會老到比從前任何時候都更能享受並欣賞事物。」

「例如哪些事呢？」

「你會欣賞這些年輕人說的話，你也會樂於學習他們思考的方式，他們對你更有價值，你比年輕的時候更懂得知識的重要。我認為，年紀大一點才知道事物的價值，我變得『那麼老』以後，才懂得學習的價值。我開始到大學上生態學，希望能有助於我擔任環保推動者的志工的工作；事實上，誰知道……說不定我可能會念到博士也不一定。」有些人似乎想看看她是不是在開玩笑，不過她顯然很認真，然後她說，「我不是很確定要怎麼說，但學習讓我感到年輕，也讓我對自己與周遭的生活充滿熱情。」

社會學家威廉・薩德勒（William A. Sadler）在他所撰寫的《第三年代》（*The Third Age*）一書裡，描述一個退休後又回到大學的女士，在七十幾歲時得到博士學位，現在成為知名的學者以及社運人士，她經常受邀演說有關年歲增長方面的議題。那位女士告訴薩德勒，即使她已經屬於「老人等級」，她仍然認為自己「在許多方面都還很年輕」，而在許多面向上，她也成為更好的人：「因為我有了更多的經驗，我想自己也更有智慧。」薩德勒形容她，雖然「老，但又不老；年輕，但也不年輕」，還推測她在為自己定位時的「困惑」，說她「已抑制自己接受傳統上對特定年紀的意義，並幫助她塑造出一個結合年老與年輕化的身分。」薩德勒很可能會把同樣的形容詞用在芭芭拉以及參與這次對談的老人身上。

「凱倫？」我說。凱倫・珍金斯好像在思考著什麼。

「我在想《屋頂上的提琴手》的插曲〈日升，日落〉，」凱倫說，「這首歌是由一位突然意識到當年的小女孩已經長大成為女人的父親所唱的，他原本一直沒有意識到小女孩已經長大。事情發生得這麼快，宛如量子跳躍，我是『那麼老』，老到我從一個年輕人一下子變成了老人；我是『那麼老』，老到我可以說，現在無法像以前那麼好混了；我是『那麼老』，老到許多童年時代的朋友都已過世。」

她嘆了口氣，接著又露出開朗的微笑。「但是基本上，內在的我還是和十五歲時的我，是同一個人，」她說，「我不過是多了點知識和經驗。」

「身體和心靈隨著時間而改變，」然後桃樂西說道，「你可能會說它們『老化』，但我不認為這和『變老』所說的是同一件事情，可以肯定的是，如果你失去對學習和生活的熱情，你的心靈就會因為不用而『變老』——不過這也可以發生在很年輕的時候。如果你的心靈不斷地受到滋養，它就可以隨著你變老而『變年輕』。」

「我覺得這是一種很好的說法。」剛剛一直沒有說話的安娜說道。這位活潑開朗的九十幾歲老人，曾擔任一年級老師長達五十八年，直到三年前才退休。她突然陷入靜思，兀自對著自己微笑，我本來以為這位認真寡言的女士已經把話說完了，但她看見我們又說：「我認為老人不只能『老得很優雅』，如果能培養好奇心，老人還可以『老得很年輕』。」

當我需要自己時，我在哪裡？

「我在做什麼？」我對自己說。

我把車停在州際公路旁，關掉引擎，然後看著自己微微顫抖的雙手。我深呼吸一口，但沒有移動，繼續把車停在路邊，整個人癱在那裡。

我已讓自己投入一段未知的旅程。

那是一九九六年的仲夏，我已經到了不能再繼續下去的地步，這個曾經對我很有意義的工作，已經不是我想要的生活了。我個人的生活支離破碎，我太太和我心不甘、情不願地發現，如果想要搶救彼此的友誼，就必須結束兩人的婚姻。

為了找出根本的解決辦法，我們苦惱了很久。我已經太過於沉溺在悲嘆自己還沒做的事，以及所浪費的一切時間。我仔細想過：我為什麼這麼輕易就放棄自己的抱負？我為什麼無法跟著不同人的腳步前進？用這種問題來折磨自己，真是浪費生命。這種迷惑真的很浪費時間，陷在過去，感嘆所有沒做過的事情非常容易，但要鼓起勇氣向前邁進卻是那麼困難。

終於，在我虔誠的祈禱下，我心中的蘇格拉底意識抬頭了。第一件要問的事就是：我問對問題了嗎？讓我遍體鱗傷的問題，是不是能幫我找出開創未來的答案，幫我規畫出人生的新方向？

不可能。我沒有問到對我有幫助的問題，我問的都是回想過去的內省式問題，這些問題無法幫助我改變從今以後的人生。我開始想出新的、比較好的問題：什麼是我真的想做的工作？如果我像過去一樣是個勇於冒險的人，能讓我在有限的歲月中盡情發揮的事情是什麼？我命中注定要做的是什麼？

記得我曾看過《滾石》對愛爾蘭搖滾樂團Ｕ２的主唱波諾的訪談，它一度讓我十分猶豫。波諾在訪問中說，「在好與壞之間……戰鬥，我覺得你必須在其中找到自己的位置，那個地方可能是在工廠廠房裡，或是在寫歌。當你在那裡——當你在應該在的地方，你的內心就會知道——這就是你要投入的時候……我無法改變這個世界，但我可以改變我內心的世界。」

同樣地，考夫曼在他的著作《一個異教徒的信仰》（*The Faith of a Heretic*）中，詳述自己十七歲逃離納粹德國時，閱讀了有關梵谷一生的書籍。他敘述梵谷如何計畫與礦工一起生活，一同到礦坑工作，並「分享他們的悲慘，但左拉（Zola）告訴他，這是『沒有意義』的行為，對礦工沒有任何幫助。左拉寫了一本小說《幼芽》（*Germinal*），描述礦工令人不忍卒睹的生活，藉此把礦工的困境讓更多人知道並能幫助他們，這比梵谷與他們一起受苦要有用得多。礦工的處境確實有些改善，人性獲得些許提升，這都是拜《幼芽》之賜。」在閱讀了《幼芽》之後，考夫曼下了一個結論：「繼續上大學也許是好的，如果這能讓我從事一些沒有受教育就做不來的服務。」

考夫曼對於發現自身特殊的位置，並以自己特殊的方式「從事一些服務」的觀點，與波諾的看法沒什麼太大的差異。當他在《從莎士比亞到存在主義》（*From Shakespeare to Existentialism*）中談到尼采與德國詩人里爾克（Rainer Maria Rilke）「特有的信仰」時，與波諾的觀點又更為接近。里爾克令人難以忘懷的詩作〈阿波羅的古代軀幹雕像〉（Archaic Torso of Apollo）以命令句「你必須改變你的生活」作為結尾。尼采與里爾克都拒絕「所有恪守成規的一切……要決心開放，並為各自的使命做準備。」

在《悲劇的誕生》（*Birth of Tragedy*）中，尼采想知道，如果蘇格拉底沒有以開放的態度為他個人的使命做準備的話，那麼情形會變成如何。他悲觀地覺得，若非蘇格拉底——尼采將他稱之為「世界史上的……轉捩點」——培養理性探問的熱情，並將它運用於「貢獻給知識」，那麼「滅絕」可能會降臨到人類身上。

儘管有蘇格拉底的崇高努力，我還是不能確定，它們代表了世界史上的轉捩點。世世代代以來，歷史滿載著人類加諸於自身的暴行，而尼采所談到的滅絕似乎永遠都有可能發生。蘇格拉底是否只是延遲我們向下沉淪至無底深淵的那一天？若是如此，那這對他以及後繼者的努力又說明了什麼？就如伏爾泰在歌劇《康第德》（*Candide*）裡所言，藉著讓社會更理性且人性來「培植我們的花園」。

長久以來，我一直很認真地看待威廉・詹姆斯的一段話：

> 如果人類世代受苦受難，奉獻生命；如果殉教者在烈火中歌唱……只為一種結局，要讓這種空前枯燥乏味的物種傳承與延續……他們滿足而無害的生活，為何要以這種代價……最好在最後一幕上演前就鳴鈴閉幕，好讓開頭是如此重要的事，能免於有如此奇異的平淡結束。

最近，這段話一直留在我心裡。倫理學作家勞倫斯・山姆斯（Laurence Shames）形容一九八〇年代的美國，是一個沒有社會、沒有目的的地方，在那裡，成功「幾乎完全是以金錢來定義……與一個人的成就本質無關」，更別提「高尚的意圖」；在那裡，人們「認為不一定要有目的」；在那裡，道德的淪落是「相當明顯又普遍的現象」。如此說來，這種說法用來描述現在的現象甚至更為貼切；事實上，每件事情的鐘擺好像遠離了社會應有的責任，而擺向不受拘束的個人利益。當我以自由作家的身分在全國各地旅行時，我發現人們極端又普遍地只顧及自己褊狹的利益，對自己的兄弟姊妹一點都沒有盡到看護的責任，對此，我的困擾日漸加深。我們不只是變成「對我有什麼好處」的社會，同時也變成「你去死吧」的社會。

同樣令人不安的是，悲觀的宿命論與無助感持續增強——那是一種說些什麼、想些什麼、做些什麼，都不再那麼重要的感覺，好像有點無法掌握那些降臨在身上的事情。過去，這類地方性的社會現象，經常是根深柢固的問題徵兆，可能會依次成為人類史上非常嚴重的問題。為了最惡劣的目的，總是有人利用如此普遍的現象，但也一直都有許多不同身分的人努力地反抗、超越它們。

在試圖說明並體現我自己的人生使命時，我經常自問：我能做什麼，好以某種保守的方式，延續發揚前人的功績，一如威廉・詹姆斯所說的，「受苦並奉獻他們的生命」，以造福多數人群？適合我的地方在哪裡？什麼是可以效勞的？我有些什麼可能性？

當答案出現時，那是一種對真諦的頓悟：我想成為蘇格拉底風格的哲學家；我想舉行蘇氏對話；我想去接觸每一個願意和我一起更瞭解自己與人類本性的人，以及願意和我分享如此宏願的人——成為更具同理心、批判性與創造性的哲學探索者。答案很明顯，過去我之所以不敢問這個問題的原因照然若揭，因為我一旦誠實地回答這個問題，我知道我就必須問下一個重要的問題，一個令人眼花撩亂的問題：此時此刻，為何我不能朝自己的夢想前進，不管我覺得自己已浪費了多少時間？

然後，我突然覺悟：人們很輕易地就會悲嘆時間的浪費，並沉浸在以往的不幸中，不過，讓生命回歸到我覺得有意義的軌道上，所需要的改變很困難，必須有一套新的探問法：我能明確地做些什麼來實現我的夢想？我需要採取什麼步驟？我需要做什麼犧牲？我願意去做嗎？

當對於劇烈改變生活的展望感到害怕之際，我卻也準備好了，至少，我覺得自己準備好了。然而，構築一個計畫並表達實現它的想法是一回事，而把想法轉變為實際行動又是另一回事。

這就是我坐在停在路邊的車子裡正在做的事——或是我即將要做的。我曾讀過歐洲哲學家在咖啡廳和一般民眾討論哲學的事，也讀過有關前哥倫比亞大學哲學教授李普曼（Matthew Lipman）覺醒的事，他在紐澤西蒙特克利爾州立大學創辦了「給兒童的哲學」計畫，試圖為哲學注入新生命。李普曼令人讚賞的目標，是把「給兒童的哲學」課程引介至學校，並成立他所謂的「哲學探問之教室社團」。在他的《思考與教育》（*Thinking and Education*）中，李普曼批評那種「過度專化的想法」是「學術生活毀滅的原因」。他倡導回歸一種哲學思考方式，鼓勵在學科與學科之間思考，主張「發生在學科之間縫隙與摺痕處的事物，至少都與發生在其內部的一樣重要。」如同歐洲咖啡館哲學家，李普曼試圖恢復被視作僵化、不適當的一種訓練。

兩種方式都把無法或沒有去學校，或不能到咖啡廳參加哲學探問的人排除在外，而且，他們似乎是使用一種雜燴式的探問法——或是根本沒有詳加說明的方法。許多歐洲的咖啡廳哲學家似乎都是厚著臉皮的反學術份子。最引人注目的是，不久前研究尼采的學者馬可・騷特（Marc Sautet），他拿到巴黎大學文理學院的博士學位，但相信學術派哲學家抵押了他們哲學上與生俱來的權利，騷特批評學院中哲學的「學術隔離化」，因此他轉向咖啡室哲學（café philo）的運動。

雖然我也是個對象牙塔裡的許多景象，尤其是學術哲學的批判者，但我仍覺得它有一個正當的位置和可能的崇高使命。誠如李普曼寫的，大學以其「古老的課程，呆滯的官僚作風，以及老師對教育完全漠不關心，」大學總是逃避他們的使命，對許多校園內外建設性的批評，反應相當遲鈍。

即使它有缺點，不過我認為高等教育仍然是利多於弊。而經過上一代，感謝他們快速地發展公立大學體制，高等教育逐漸成為大家所能觸及的地方——每個中學畢業的人幾乎都把繼續接受大學教育，當作天經地義的事。我認為這就更有理由去好好打一場仗，努力讓大學成為富有創造性且嚴密學習的典範，而非完全捨棄。

我希望從事一種延伸性的哲學思考，其中，擴大發展有利哲學探討的話題並鼓勵大家參與來復興學者風範的哲學，同時我也希望能搭起學院與外界世界的橋樑。

小學和中學也很容易招致批評。根據哈佛零方案（Harvard Project Zero）指導者暨哈佛大學教育研究所教授大衛‧柏金斯（David Perkins）指出，「美國教育已經出現知識不夠牢靠和思考貧乏的不幸警訊」。哈佛零方案是第一流的兒童學習中心之一，在《精明學校：讓每個孩子都有更好的思考與學習》（*Smart Schools: Better Thinking and Learning for Every Child*）中，柏金斯說，大體上來說，美國缺乏「精明學校」，也就是「有才智，有活力，有思想」並且具有「目標要求」的學校。他說，結果我們「無法有效地與其他整體行動都比較好的國家競爭。」在公立學校改革人士中，柏金斯的批評絕不是唯一的，但就像高等教育的情形一樣，所有熱烈的討論都集中在孩子與青少年應該有的教育品質上，而不是我們是否該廢除學校或學校教育。批評美國學校的人經常忽略一個事實，也就是全國各地所有專注改革的教育者，他們在提升兒童的教育水準上，已經有明顯的進展，而這些課程都將激發並促使兒童變得更有批判力，同時也成為一個認真謹慎的思想家。

和對高等教育一樣，希望我個人可以為這個國家的學校帶來亟需的改變，但在與小孩進行哲學思考時，我並不想為負擔已經很重的老師發展出另一個課程，或是去補充傳統學校的課程——

事實上，我完全沒有興趣使用任何課程，我想以大人的方式和小孩進行哲學思考。藉由在傳統學校領域的邊緣運作——在校內與校外舉行哲學家俱樂部，我希望加強並補充學校的教育；此外，慢慢灌輸孩子重要的「第四個R」，也就是推論，我希望能提升他們學習傳統三R——閱讀、書寫、算術——的動機；我也希望啟發他們成為詳細調查以及發問的專家，不會因為任何人試圖抑制他們的好奇心而變得很膽小。如果這個希望能夠實現，我堅信這一代的孩子將是我們最大的希望，能做出必要的劇烈改變，讓我們的學校和大學成為不斷演化的實驗室，從事創造性與批判性的跨學科學習，以尋求促進想像的視野與理性思考。

不過，我最終的目標是將哲學的觸角伸到學校、大學以及咖啡廳外面。我相信，如果要讓我們的社會更有參與性、更民主，那每個人都必須覺得這個過程是和自己有利害關係。每個人都必須知道，每個人所說的、所想的都很重要也很有影響力，如此，才能激發每個階層的人說出他們的世界觀，並藉由彌補知識的不足以及追求人類卓越，拓展大家的視野。

幾個小時前，我打包自己的東西，離開家。我計畫在紐澤西開一家店，但每往新家方向前進一步，我就想要回頭，我開著車，回頭的衝動愈來愈強烈，最後，我停在路邊，無法繼續向前，但也無法回頭。

「我在做什麼？」我說，我的雙手仍然緊握著方向盤。

我像唸經般無意識地重複著這個問題。

我覺得自己迷失了——我不知道自己是誰、要的是什麼，我對這個自己很陌生，我覺得好像在自己最需要自己的時候捨棄了自己。

一個鐘頭後，終於從內心深處的某個地方，眾多的疑團之中傳出了一個聲音：「你在朝你的夢想前進。」

我從口袋裡抽出一張帶在身邊多年、磨得很皺的報紙，上面引述了偉大的德國浪漫詩人、小說家暨科學家，也是十九世紀末真正的蘇氏探問者歌德的話：

> 當想要做什麼時，人都會猶豫，老是找機會退縮，通常都很沒用。這種率先創造的行為，有一個簡單的真理，忽略了它就會毀掉無數的點子和輝煌計畫：自己非常明確要做的時候，然後……所有源自此一決定的事件，所有作夢都沒想到會發生的事件、遭遇以及物質的協助，會以一種有利的方式降臨到他身上。不論你會做什麼，或想做什麼，去做吧！冒險具有天分、力量與魔力，現在就去做吧！

我把那張報紙照原來的樣子摺好，放回口袋。我在旁邊的座位上放了一本便條紙，上面有著以紅色奇異筆以大寫字母寫下抵達紐澤西後要做的事：（一）在咖啡館，療養院和老人中心，學校和托兒所，社區中心、監獄和收容所——任何有人想要思考人生哲學的地方，進行公開的哲學討論小組；（二）現在就去做。

第一次，我瞭解到自己已經無法回頭；第一次，我感到自己可理解的恐懼與懷疑，也彰顯出繼續向紐澤西前進是多麼重要；第一次，我瞭解到自己有多麼需要自己，如果我現在膽敢回頭，我就是以難以令人原諒的方式放棄自己。

我重新發動車子，回到州際公路上。

我上路了。

與愛何干？

現在是晚上七點，蘇格拉底咖啡館開始的時間，但還沒有人出現。

這是我在紐澤西蒙特克利爾舉辦新蘇格拉底咖啡館的第二週。上週二，有少數幾個人參加了第一次的聚會，不過這個星期看來，我只有面對空盪盪的咖啡館。

我坐在凳子上，像羅丹的沉思者雕像一樣，我告訴自己，這種事需要時間，不過，我的情緒還是不好，我懷疑自己是在浪費時間，不知道是笨還是魯莽，我竟然想要復興蘇格拉底的精神與思潮。負面的想法不斷冒出來：每個人都太忙了，太專注於自己的事，太確定自己知道的答案，雖然想用蘇格拉底的方式和別人交換意見，但不是和我。眼前這種情景，如果有人告訴我，再過十個星期，每週二都會有四十個人跑到這間咖啡館和我進行哲學思考，同時還引起全國性的媒體一陣騷動，我準會告訴他，他瘋了。

過了五分鐘，有個女人進來，她在門口停了一下，看著坐在凳子上的我，四下無人（屋主此時正在廚房），我坐在上面看起來一定很愚蠢，她好像在考慮要不要轉身離去，但她沒有這麼做，至少還沒有。

「這是蘇格拉底咖啡館嗎？」她問我。

「是的，」我回答。「看來只有你和我而已。」

她微微一笑，太陽穴微微一震，令人神魂顛倒。她有一頭烏黑的長髮以及一雙溫暖的棕色眼睛，她的臉上布滿了自然的光彩，化妝對她來說簡直是一種罪惡，她穿著一件手工縫製的白色棉質洋裝，上面有漂亮複雜的刺繡。

她決定留下來。我從凳子起身，我們在一張桌子旁坐下。

「你心裡有沒有特別想要討論的問題？」我問。

她猶豫了一下，然後說：「這個嘛，我確實有一個問題。」

我等她說下去。

接著她又猶豫了很久，手指撫弄著桌上的餐巾，彷彿暫時忘了我的存在，終於，她抬起頭看著我。

「什麼是愛？」她問。

「什麼是愛？」這是我當時唯一想到的話。她沒有回答，我們就尷尬安靜地坐在那裡。

然後我說：「蘇格拉底曾經說過，除了愛，他對每個領域的知識都一無所知。在柏拉圖的《利西斯篇》中，他說：『雖然，在其他方面我可能毫無價值，但不知道為什麼，神卻賦予我輕易瞭解愛人和被愛的天分』。」

「在柏拉圖的《饗宴》中，」她回應著說，「蘇格拉底說：『我不知道自己怎麼能拒絕去談論愛這個主題，因為除了與愛有關的事，我別無所知。』」

她微笑地看著我一臉驚訝的表情。「《饗宴》是我最喜愛的柏拉圖對話錄之一，」她說。「我認為它和莎士比亞的十四行詩一樣優美。」

我對這個謎樣的女子微笑地說：「老實講，對這個主題，我和蘇格拉底的意見不太一樣：我覺得比起愛，我更有自信談論其他各種不同的問題。不過，如果我們要進行一場有關愛的對談，那麼提一些蘇格拉底問過的問題可能是個明智之舉。當他檢視『什麼是愛』這個問題時，他覺得，只有在你瞭解愛的本質與此一行為，才能回答這個問題。」

「我真的很喜歡蘇格拉底在《饗宴》裡說的，愛或者愛欲（Eros）結合了世俗與高尚，並賦予人類生命的意義，」她說。「我同意蘇格拉底所說的，愛是靈魂對美的渴求，我喜歡這句話，因為他沒有用任何靜態的方式來形容愛，他賦予愛一種崇高的功能與目的。」

事實上，早期的希臘思想中，愛的本質被當作性，而伊羅斯（Eros）則是希臘的性愛之神，後來，拜柏拉圖作品之賜，愛的概念被闡述並重新定義。柏拉圖認為愛是所有人類行為和衝動中最普遍的「力量」，性愛是愛的表現。柏拉圖對話錄中的蘇格拉底說，愛從看上某個人開始，然後再演變到兩個人的肉體關係，然而，這份愛最後會昇華並引導某人的內在之美。就如這位和我對話的女子所說的那般動人，柏拉圖在《饗宴》中清楚地表達，性愛的表現只是一個中間站，以準備迎接更高形式的愛，而這種人類的愛，是至真至美的愛，是美之極致的愛，這種愛可以超越現實。在《饗宴》將近結尾的部分，女祭司黛娥緹瑪說，愛無法以華麗的詞藻來定義，必須去看、去感覺、去想像、去體會。終生未婚的知名美國科學與語言哲學家皮爾斯認為，他體驗了黛娥緹瑪所形容的這種崇高的性愛形式——結合美學的形式。皮爾斯說，當他在進行哲學研究時，他「感受到真正的愛欲而賦予其生氣」。

停頓了好一會兒之後，這位年輕的女子對我說：「愛是一種回應：愛是一種需要表達、展示的東西；它引導我們來到一個在我們之內、也超越我們的崇高地方；而這個地方非常、非常難以到達。」

「阿門！」這句話實際上是說給我自己聽的。

接下來的兩個小時，我們試圖一起探討這個非常深奧又難以探測深度的概念——愛。整個過程中，我似乎無法專心，常常在我們的對話中拿不定主意。我提到，我對愛經常避而遠之，要不，至少也一定要保持某種距離，但當我們繼續談下去，我發現自己突然領悟，有時候愛根本無法避開，它就是跟著你。

她叫做西西利亞・查帕，來自墨西哥市，是當地大學的學生，已經擁有哲學學士學位，現在正在念教育研究所。她告訴我，希望有一天能夠以自己的方式從事我現在正在做的事，就是把哲學帶給「一般民眾」。去年，她到墨西哥加波斯省的原住民學校當老師，那是一個偏遠貧乏的南方鄉鎮。長久以來，當地的薩帕提斯塔（Zapatistas）黨，以游擊戰來阻止政府進一步剝削原始部落。完成碩士學位後，她想要把一生奉獻給弱勢的兒童，藉由培養他們的批判力以及創造性的思考技巧，協助他們自助助人——他們需要用這些技巧讓自己和他們的社區更有力量。她說，她衷心地相信孩子是我們的未來、我們的救贖。

我們陷入片刻的沉默。我看著她喝著茶，那杯冷掉的茶是兩個小時前點的。她對著自己笑，然後直視著我說：「柏拉圖《饗宴》中，我最喜歡的部分是亞里斯多芬尼的演說。」

這也是我最喜愛的一段。就像永遠聽不厭最喜愛的床邊故事的小孩，我聚精會神地聽著西西利亞說：「柏拉圖說了一個故事——我想多數人都把它當作神話，我不確定我是否同意這種說法。他說，人類的性別原本不像現在只有兩種，以前有三種性別：男性、女性以及結合男性與女性的中性人（Androgynous）。這些性別的人是完整的，有四隻手，四隻腳，以及一個有兩張臉的頭。為了抑制人類的自大與日漸壯大，宙斯把這三種性別的人分別切成兩半，而他們一有機會就彼此擁抱，最大的渴望莫過於能再成為一體。」

然後，西西利亞又說：「等等，我要照書唸一段，這一段文字真美。」她從包包取出摺頁的柏拉圖對話錄，很快地翻到她要找的那一頁，接著唸出來：「當與自己的另一半，自己真正的另一半……相遇時，他們迷失在愛情、友誼以及親密行為的驚異之中，須臾都不能離開對方的視線：他們是要一起度過整個人生的人。」她停在這裡，儘管後面還有下文。她把書合上，收起來，並且低頭撫平洋裝上的縐褶，然後用一種美妙、令人迷惑又神祕的微笑看著我。

我相信，就是這個時候，在我們長時間的對話中，我第一次想要問問她：「你怎麼知道你戀愛了？」

不過，我那時並沒有問她。我等了差不多兩年，在我們結婚後，才問她這個問題。

第四章

它到底是關於什麼？

我一直都是那些必須被省思的探問所引導的人之一。

——蘇格拉底

哲學性思考歷史

「我們是不是像以前的人一樣常常做哲學性思考？」還等不及我坐下來，派翠西亞就提出這個問題，她是個年近八十、精力充沛的女士。一如往常，我們在社交室裡聚會，這是北紐澤西一棟專為低收入的老人所設置的紅磚住宅，一個月大概會有一次的週五下午，我在這裡進行蘇格拉底咖啡館。這裡的住戶形形色色，是喜歡爭論、思慮周密的一個團體，深受蘇格拉底精神所感召。我們相互挑戰、啟發並刺激彼此，不過我們也互相珍愛著對方。這是一個明亮、令人愉悅的房間，室內光線充足，大家圍著一張張小圓桌而坐，桌上鋪著印有花樣的桌布，瓶子插著用絲做的花，桌上擺了些咖啡和餅乾，我們簡直就像是坐在咖啡館裡。

「你的意思是？」我坐下來之後，問派翠西亞。我坐的凳子是一位住戶從她的公寓裡帶來給我用的。

「我想知道，我們是不是和以前的人一樣，常常做哲學性思考，」她提高聲調說，「例如，那些寫下美國獨立宣言的人就好像做了許多哲學性思考，而現在的政治家卻一點也沒有想過這些問題；事實上，現在幾乎沒有人再去做哲學性思考；或至少好好地去做。」

「呃，在我們回答這個問題前，或許需要先確定什麼是哲學思考，」我說，「威廉・詹姆斯認為，哲學思考是對常識的批判。我覺得他指的是：我們應該認真觀察我們每天運用，且自以為清楚運用的觀念——所謂清楚運用，就是我們認為自己瞭解而且完全同意這些概念；同時還要看看它們是否就如我們所認為的那樣合理與清楚，抑或比我們看到的還要多或是少。」

沒有人回答。我有點擔心我是不是沒有把意思表達得很清楚，不過，派翠西亞救了我。「我們何不把威廉・詹姆斯對哲學思考的定義，當作回答我問題的一種方式，」她建議說。「讓我們看看獨立宣言中所使用的概念，是否真如美國建國者所以為的，被清楚、合理地運用。」

「這個點子很棒，」我說，看到多數人也點頭同意。「讓我們看看獨立宣言裡的這一句話：

『我們認為人生而平等，這些真理不證自明。』你們認為這句話的結構是否有很多『好的哲學思考』？」

珍尼絲穿著顏色很多、圖案很花的洋裝，頭上戴著在別人身上看來會很俗氣的羽毛帽，她站了起來，這是她發言的習慣。她用指尖按著身前的桌子以支撐身體，然後表示：「我不知道這句話用了多少哲學性思考，但不論多少，它都不是好的哲學思考，因為我們並非生而平等。我們住的地方不同，經驗不同，天分不同；每個人獲得幸福的機會也不同，健康狀況也不相同，每個人的機運都不一樣。所以，我們也許出生的時候是平等的——我們以同樣的方式誕生，從母親的子宮出生——但我們並非生而平等。」

一位身體虛弱，但精力充沛又非常清醒的女人，她和珍尼絲坐在同一桌，她說：「就算用珍尼絲剛剛的說法，我也不認為我們生而平等。有些孩子是營養不良的母親生的；有些孩子的父母不是抽菸就是吸毒；有些則是『毒癮』寶寶；有些是在複雜的狀況下受孕，因此造成無法挽回的傷害。」

一位神情愉快、穿著整齊，常常扯著嘴邊八字鬍的男士說道：「我覺得『人皆生而平等』這句話很諷刺，它的意思是所有富裕的白人生而平等，其他人則沒有任何權益。由於他們缺乏能真正代表殖民地的人可以幫忙打造獨立宣言，他們以一種依然容許奴隸制度與一些完全不平等的方式來思考『平等』這個概念。美國憲法制定者是平等意義的專家，他們是判定誰平等、誰不平等的專家。」

派翠西亞接著又說：「我現在開始懷疑他們是否如我先前所想的，真的很會進行哲學思考，聽大家說得愈多，就愈覺得他們在哲學思考方面和現代人一樣差勁。」

「嗯，我們不要這麼快就妄下結論，」我說。「我想，我們需要看一下獨立宣言產生的時代背景。我想大多數人一定會同意，他們所簽的文件非常進步、大膽。」

人類生而平等的觀點，並非始於獨立宣言。現代政治哲學的創立者之一，英國唯物主義暨經驗主義論者霍布斯，在一六五一年出版的著名作品《利維坦》（*Leviathan*）中，發展出「天生平等的哲學」，主張每個人在身心的能力上生而平等，這並不是說，人在每方面都具有相同程度的心理與生理能力，但根據霍布斯的主張，某方面的不足會在其他部分獲得補償，這個觀點強烈地影響了隨後的倫理學與政治學。史賓諾沙在一六七〇年出版的《神學政治論》（*Tractatus Theologico-Politicus*）中寫道，民主是「所有政府的型態中，與個人自由最自然與最協調的型態，」因為「每個人維持平等，就如他們與生俱來的情形一樣。」英國哲學家洛克（John Locke）是個影響深遠的英國經驗主義始祖，一六九〇年在《政府論兩篇》（*Two Treatises of Government*）中闡述了他的政治理論，主張人類「所有的自由、平等與獨立皆非與生俱來。」生於瑞士的法國思想家盧梭，在一七六二年的著作《社會契約論》（*The Social Contract*）中，就呼應了洛克的想法，該書對政治學、教育理論和浪漫運動均有莫大的影響，它在開頭的第一段即聲明，「人生而自由」，藉以暗指所有人都是平等的。事實上，這本書出版後不久，麻州憲法的撰寫人就使用了盧梭的話，並點名他的意思為：「每個人皆生而自由平等，並具有某些與生俱來，基本以及不可剝奪的權利。」獨立宣言更是把平等這個哲學發揚光大，主張每個人的自由與平等的狀況是「不證自明」的真理。哲學的平等是一回事，但要把這個概念變成國家的建國基礎，立國者的作為就真的是非常進步大膽——雖然言語和行為並非總是一致。寫下獨立宣言的湯瑪斯．傑佛遜（Thomas Jefferson）自己就擁有奴隸，且支持死刑，但他的文字還是給予後代的子孫所需的能量，讓獨立宣言得以發揮它應有的作用。

「讓我們看看引述自獨立宣言下半段的文章，在這裡，立國者認為人『與生俱有造物者所賦予的某些不可剝奪的權利；其中包括對生活、自由與追求幸福』是不證自明的，」我對蘇格拉底咖啡館的參與者說，「就算有時候這些文字的概念與實際運用上不太一致，不過，對人類的權益而言，這難道不是一大進展嗎？」

珍尼絲又站了起來，以激動的手勢表示：「我認為這一節是有一點聰明的哲學思考。它告訴我們每個人都有追求幸福的權利，但不保證一定能追求到幸福，如果我們真如他們所言的生而平等，那就好像說，我們之中如果有人得到幸福，其他人也都會得到幸福一樣。然而事實上並非如此。」

「我開始懷疑幸福是不是很重要！」派翠西亞說，她似乎對自己所想的事情非常驚訝。「還有比幸福更重要的事情。首先，你必須有足夠的食物供給你和家人使用，你必須很健康，我想這些事情都比幸福來得重要。」

「我認為幸福很重要，」一個佝僂消瘦的男士說道。他原本好像一直沉浸在自己的思緒中，沒有開口說過一句話。「但重要的是，當你在追求幸福時，不會用不好的方式侵害其他人。」

「如何避免以不好的方式侵害人？」我問。

「記錄在案的條例，可以讓我們檢視自己不好的衝動，」他說，「我認為，這是憲法制定者在憲法中放進了對我們的自由所需的限制，所以，我認為立憲元老在提出這部分時，確實有做良好的哲學思考。」

他談到自由的種類——毫無限制地去做自己想做的事情——就是霍布斯在《利維坦》中所謂的「天生的自由」。和美國立憲元老一樣，霍布斯認為這是一種應該被免除的自由，他相信，在自然的情狀下，每個人都可以在沒有阻礙的情形下做自己高興做的事情，但這卻是每個人都在與其他人對抗的一種永遠敵對的狀態。霍布斯寫道：「沒有共識的地方就沒有法律；沒有法律的地方就沒有公義。」他認為這種自由是負面的自由，必須被「公民自由」所取代。「公民自由」是一種當你脫離自然狀態並形成民主國家時所得到的自由。霍布斯被英國教會視為異端，因為他為宗教的獨立辯護，他相信只有社會契約才能讓人類免於自然狀況形成的「每個人與每個人的戰爭」，讓人類的生活在「險惡、孤獨、殘酷與短暫的狀態下」。

另一位參與者說道：「我想知道在抑制人們憑衝動行事的法律，以及限制性強到讓政府變成某種『老大哥』（Big Brother）的法律，兩者之間該如何界定？」

這間老人住宅的企劃主管名叫瑞秋，是一個充滿活力的年輕女子，她接著說：「我不吃肉，因為我認為這是不人道的，但我尊重其他人吃肉的權利，我從來沒有想過要當老大哥，強迫別人跟我做相同的事。」

「嗯……」我說，「如果你認為吃肉是不人道的，並在道德上予以反對，你能誠實地說，你不會因為別人吃肉而感到困擾嗎？」

「不會。」她遲疑地說。

「那麼，你對要求你在移動的交通工具上繫安全帶的法律，有何想法？」我問她。

「我認為，每個人應該可以自己決定要不要繫安全帶。」她說。

然後，八十五歲的海倫娜，這一位積極參與公民運動的老人轉向瑞秋，兩手插著腰說：「是嗎？」

瑞秋看起來不再那麼肯定。「我是這麼認為。」最後她說。

海倫娜的一根手指頭不斷地指著瑞秋。「如果你不繫安全帶，你就是讓你的生命冒著天大的危險，你危及自己的生命，對那些你愛的人以及像我們一樣依賴你的人，都是不負責任的態度。如果你開車不繫安全帶，這就像是說你願意讓自己冒更大的風險，這就是你對自己生命的看法？

還是這就是你對我們的看法呢？」

這讓瑞秋躊躇了。「以前我從來沒有這麼想過，」她說，「我想你是對的。」然後她充滿感情地補充，「請不要擔心，我通常都有繫安全帶。」

海倫娜走向她，給她一個擁抱。「我們知道你愛我們，甜心。」她說，並輕拍著瑞秋的背。

「我們進行哲學思考時發生了什麼事？」我最後問道。「獨立宣言的創作者做了什麼而組成其中的哲學思考？」

「他們交換想法，」克拉拉說，她是一個快活的女士，有著一頭美麗的白色長髮，數十年前為了逃離卡斯楚政權而移民美國。「他們不只交換想法，一旦達成某種共識，他們就會應用自己的想法。」

「我想，他們在寫獨立宣言時，像我們的角色可能用得上。」海倫娜說，大夥一致同意。

然後，珍尼絲說，「我覺得，他們在寫獨立宣言時，需要蘇格拉底的幫忙。」

「為何是蘇格拉底？」我問。

「因為他可以讓他們更審慎地檢視用在獨立宣言中的重要概念。他們會因此得知這些概念是否真的如威廉・詹姆斯所說的，像他們自以為的『清楚且合理』——或『比他們所見的還要多一點』。」

哲學思考的精神

在《哲學如何運用其過去》（*How Philosophy Use Its Past*）一書中，小藍得爾（John Herman Randall）將哲學思考與「描述與批判人類文化、科學、藝術、宗教、道德生活、社會與政治活動等，所有偉大事業的根本信念」相提並論——尤其是那些與「傳承下來的知識與智慧」衝突的信念。沒有人像柏拉圖一樣竭盡所能地接下這個任務，檢視並批判那個時代所謂的智慧，柏拉圖是在雅典陷入混亂的光景時，寫下對話錄的，此時這個城邦剛在延續了三十年的伯羅奔尼撒戰爭中敗北。戰爭之前，雅典已經經歷了一段興盛的時期與文化復興，不過現在卻好像懷疑起自身的資格。一般認為，就是在這樣的情勢之下，二十歲上下的柏拉圖遇到了蘇格拉底，柏拉圖很快就對這位新發現的老師非常著迷，因為蘇格拉底具有獨特的道德性格，並且對於如何成為一個高潔人士的知識領域，滿懷孜孜不倦的智識追求。據說沒多久，柏拉圖就誓言要追隨蘇格拉底的腳步，將自己的生命獻給哲學。

在一段寡頭政治之後，民主制度在雅典重建，但蘇格拉底毫不畏縮地探問，樹立了許多高層的敵人。他被指控為異端，遭受審判，後來被定罪判死刑，讓柏拉圖對雅典的力量有所覺醒，就如他後來著述中所顯示的一般。小藍得爾指出，柏拉圖「審視，並使其讀者審視、冷眼旁觀雅典在繁榮與擁有未受批判的自信時，其主要人物與問題；而後來英國人也以這種態度思索吉普林與帝國時代（the Age of Kipling and Empire）的興盛年代。」

此外，柏拉圖深受蘇格拉底的死亡所感動，以至於他認為自己有責任讓後代子孫知道蘇格拉底這個人，讓他不僅成為西方哲學的重要人物，許多方面更是世人心目中的典範人物。

套句考夫曼的話，柏拉圖的對話錄中，最令人難忘的是對蘇格拉底的描述，他「蔑視缺乏活力的智性與道德想像所帶來的安穩」，並教導我們「困惑且性急」，灌輸我們對「省思的熱情」。它們挑戰你的看法，絕無寬貸，閱讀了柏拉圖對話錄後，要不受傷或不改變是不可能的事情。

從危機中瞭解自己

從我開始舉辦蘇格拉底咖啡館已經好幾個月了，後來我把哲學的對談搬到紐澤西州蒙特克利爾的一間咖啡館。這個小小的城市擁有許多不同的種族，這棟建築就位在市區一條熱鬧的大街上，咖啡館差不多相當於一間大型主臥室的大小。這裡比較容易接觸到各個不同階層的人，所以我便遷移至此。在咖啡館裡，像是與外面的世界隔離開來，書架上擺滿了給顧客閱讀的書籍和雜誌，牆上畫有後現代的畫，古典吉他樂曲從音響的喇叭中流洩出來。這是一個非常適合徹夜談論哲學的場所；事實上，在這家獨資的咖啡館裡，蘇格拉底咖啡館已成為該地區約五十位居民每週的必需品。

今天晚上的討論剛結束，今晚的問題是：「你怎麼知道你瞭解自己？」

「你只能從危機中真正地去瞭解到自己。」吉姆‧泰勒在對話將近尾聲時說道。他是一間生意興隆的公關公司總裁，而這是他第三次在對話過程中做出同樣的論點，不過，他每說一次，就好像愈來愈缺乏說服力，就連自己也不那麼確信了。

「一般人從平淡的生活中就不能瞭解自己嗎？」我問他，「難道你不能從生活中較規律或普通的情況，如同發生危機時那樣去瞭解自己，或是比面臨危機時更瞭解自己？」

吉姆和往常一樣打扮得無懈可擊，表情還是一樣冷靜。他調整領結，雖然它的位置已經很完美。在回答前，他通常有這種習慣，這不只是讓他有多一點的時間，也是他思考時的小動作。「我不這麼認為，」最後，他終於表示。「我想，你只有在危機中才能真正意識到自己是誰，到底是何方神聖，具有什麼或沒有什麼能力；因為你把自己放在危機中『考驗』。」

「可是沒有危機的時候，你就不考驗自己了嗎？」我逼問他。「如何度過自己『世俗』的每一天，不就是檢測你是誰的最佳利器嗎？難道它不也是你以自己的方式檢測你自己嗎？」

「我想兩者都是，」他做出結論。「我想有危機時讓你意識到，沒有危機時絕不會瞭解的自己，不過我也同意，我接觸的每一天與生活方式，都有助於瞭解我是誰，然而，一般的情形是，我認為大多數人常常沒有想到或去審視自己是誰，除非危機來臨。」

「或許吧，」我說，「但也許我們談得太快了點，我想我們必須先探索什麼是危機。在我看來，日常的生活也是一種危機，一種長期的危機，所以，我甚至不確定我們談的是否為兩回事。至少我認為，瞭解我們目前所擁有或經歷的危機種類——如果有的話，就是瞭解自己的一部分。」

直到和吉姆對談，我才瞭解我是以這種方式思考危機。

接著，瑪莎問道：「當蘇格拉底說『瞭解你自己』時，你認為他知道『自己』和『瞭解』是什麼嗎？」瑪莎老是把她那副看起來有點奇怪的金邊眼鏡推回鼻梁上。就我對她的瞭解，她除了像今晚一樣，以一個煽動性的問題作為回答，她從沒有針對我們討論的問題提供任何答案。

「我不確定他有明確地為這兩個詞彙下過定義，」詩人芮吉說，一直到現在，她要不是沉浸在自己的思緒中，就是對這些話題沒興趣。「但我想，他藉由與別人進行和我們現在一樣的討論來瞭解自己。」

她又說：「我不認為自己是可以被定義的，它只能被表現出來。我們的自我（self）是我們是誰，說了什麼，做了什麼。自我是一個看法，一種態度，一種氣質，而不是一個東西；它是過程中的產品。」

我很希望我們能在這一次討論結束時，精確地定義何謂自我，不過，我們當然沒有做到，雖然偶爾出現幾個試探性的答案。我想，許多人離開時都會覺得，他們比以前更不確定自己到底對自己有多瞭解，還是他們根本不瞭解自己。討論結束後，油漆承包商提姆走過來對我說：「我現在甚至開始懷疑是不是有自我這種東西。」

「在柏拉圖的《高爾吉雅篇》（*Gorgias*）中，」我回答，「蘇格拉底說，『對我而言，如果我的希臘豎琴或合唱團走調，聲音會令人很不舒服，而且大多數人與我的意見都不同，這樣比較好；不只如此，我這個人就是和自己也不同調，或與自己相互矛盾。』我想，他所謂的『這個人』的意思，指的是他認為這與一個自我有關，而這個自我對他而言絕不是某種幻覺或奇想。我從這裡領悟到，儘管蘇格拉底覺得，當他想要逃避其他夥伴時，他就可以逃開，他的自我卻是他不能逃避的東西，即使他想也不行。」

這似乎無法撫慰提姆。他說：「我懷疑他是否只是想要這樣覺得，因為要是沒有一個可以逃離的自我，可能太令人不安了。」他帶著不愉快的思緒離開咖啡館。

這時我才注意到，一個非常高大、相貌消瘦、臉色蒼白、藍色雙眼透著緊張的年輕男子就站在我後面，聽著我和提姆短暫的對話。

晚上十點三十分，與往常不同，我不想留下來，不想再和任何人聊天。因為某種我不是很瞭解的原因，令我覺得非常疲倦，我知道他很想和我說話，而我極力掩飾自己被攔下的不快。他一言不發地和我握手，在討論期間他一個字也沒有說過，最後，他一邊和我握手一邊說：「大學裡如果也有這種討論，我很快就可以拿到哲學的博士學位了。」

他繼續對我說，上個月之前，他還是中西部一所大學哲學博士班的學生。「我差一點就要完成我的博士論文了，」他說，「不過，那是滿紙的廢話，我會把它丟到垃圾堆裡去。」他的眼神有點恍惚，然後他看著我說：「今晚你的主題是自我，真的很諷刺，因為我的論文寫的就是有關真實的自己與想像的自己之間的差異，裡面寫的都是一些學術性、莫名其妙的東西。我相信我的教授一定會很喜歡，可是在寫的時候我卻很討厭我自己，我瞭解學術性的哲學教授並不是真實的自己想要成為的哲學家類型。事實上，我得到一個結論，大部分的哲學教授都不太像哲學家，他們幻想自己是哲學家，不過他們不是真正的哲學家。我想他們有些人披著哲學外衣所做的事，根本是罪惡的。」

我考慮該不該勸他不要放棄他的論文，但在我插話前，他告訴我：「我想把它丟進垃圾堆已經想了好一陣子了，今晚的討論讓我真正下定決心徹底把它解決掉，我想要和蘇格拉底一樣。」

「你的意思是？」我問他，同時想起蘇格拉底從來沒有寫過論文，也從未出版過任何著述，因為他從未致力於成為一個以提出某種論說為志向的繁瑣的哲學家。

「不只是因為學術分子以學術用語書寫，」他回答。「最糟糕的是，大多數我認識的人都是膽小的順民，而我覺得這簡直是褻瀆神聖。他們有著前所未聞的工作權保障，幾乎完全自治，而得到罕見的特權，所以你會以為，如果有人是蘇格拉底的典範，那就是大學裡的教授，但是，相反地，他們幾乎全是反蘇格拉底的繁瑣哲學家，常常在枝微末節的主題上大作文章，同時也很少去挑戰同時代被認可的智慧。」

「可是你難道不能留在學術界而還是成為『像蘇格拉底一樣』的人嗎？」我問他。「有人會說，世界上最容易的事就是放棄。如果你真的對學術界有一點想法，如果你真的想要成為一個蘇格拉底式的教師，何不留在學術領域，然後好好打一場仗？」

他停了下來。「我不知道……」

「為什麼要丟掉這幾年的訓練？」我告訴他。「我可以理解為何你要丟掉論文，但與其放棄你的事業，何不重新開始？為什麼你不寫出你認為蘇格拉底會感到驕傲的那種論文？這可能比就這樣放棄更有挑戰性。」

我繼續告訴他，除了所有哲學延伸活動，我正以一種創新的方式接觸學術的世界，我將利用它的優勢，讓自己成為更加適任的蘇氏典範的哲學探問者。（事實上，我後來還拿到人文、自然科學與教育三個碩士學位。）

他好像又更遲疑了。隔了很久，他終於說：「我想我還要多想一想。」他沒有說再見，便轉身走出門外。

我不知道他後來怎麼了。那天他只是到城裡來拜訪一個朋友，之後再也沒回到蘇格拉底咖啡館。我常常想起他，看來他和我一樣，都是藉由發現自己能夠確定不要成為何種人，而發現自己是誰。

蘇格拉底精神

我十二歲開始自修哲學，當時我從柏拉圖對話錄中的蘇格拉底入門。對我來說，蘇格拉底似乎不會比人生重要，但卻是一個在任何時刻都覺得自己總是可以超越現狀的人。他無時無刻不在致力於變得「更偉大」、胸襟更寬闊，根據自己的能力去挑戰自身的極限，讓自己變成一個「更傑出」的人。發現他不久，我就下定決心要「像蘇格拉底一樣」，但這只是個發想，我好像從未抽出時間去實踐它。

還是大學生時，我修了幾堂哲學課。我一直覺得很失望，因為我的教授並不鼓勵學生把自己當成他們的共同探問者，一起進行蘇格拉底和其他同伴那種充滿熱情的對話。他們傾向把哲學當成博物館的館藏，只有他們這些專家才能權威性地加以討論。他們常常運用那些令人無法產生連結的艱難術語，讓學生感到畏懼迷惑，並發誓修完學位的必修學分之後，絕不再上其他有關哲學的課。加拿大小說家暨論述家約翰・羅斯頓・索爾（John Ralston Saul），在他尖酸敏銳的著作《伏爾泰的私生子：西方推論的獨裁》（*Voltaire's Bastards: The Dictatorship of Reason in the West*）中寫道，今日學術界「最成功的發現」之一，在於「簡單地發展出只有專家才理解的專業術語，以便護衛自己的領域。」

實際上，哲學的實例近乎喜劇。蘇格拉底、笛卡兒、培根、洛克和伏爾泰並沒有用特殊的措辭書寫……他們為那個時代的廣大讀者寫書。他們的用詞清楚、善於辯論，常常令人覺得感動且有趣……這表示任何受過大學以下良好教育的人都能拿起培根或笛卡兒、伏爾泰或洛克的著作，輕鬆愉快地閱讀，但即使是研究所學生，如要瞭解當代重要學者對上述思想家的闡述，卻也要努力才能辦到。可是，為什麼有人會捨棄原本意思清楚的作品，去閱讀那些文字艱澀的現代文章？答案就是，現代大學把闡述原作當作成為專家的途徑。作古的哲學家被當成業餘人士，需要專家來加以解釋和保護。

當今學術界的精英一有機會就大肆宣傳他們的「蘇格拉底傳統」，但是索爾認為，「他們教導的方法」基本上是反蘇格拉底的方法。「在古雅典，每個答案都會產生一個問題，而當代精英則是每個問題產生一個答案。」

索爾的評論明顯反映出我大學時期對學術哲學的經驗；而根據我多年來的瞭解，這也是許多人的感受，不過，我也遇過有些人因為與教授進行正確的蘇式問答法而深受啟發，從此哲學成了他們一生的最愛，不過，即使只根據我自己大學的經驗，我還是認為索爾的主張過於籠統。在大學的政治學系，我發現有幾位對政治哲學非常熱心的教授，在論及過去與現在的政治哲學家時，他們所使用的語言就是簡單卻又不會過分簡化的平民用語，他們把哲學當作相關且充滿活力的訓練。最重要的是，他們在和我們對話時，確實運用了一個蘇式問答法的版本。與其教我們「正確的答案」，他們試著幫助我們自己學習許多可能的「正確答案」，但還是要我們自己提出具說服力、合乎邏輯、有道理的推論來支持我們的看法，儘管如此，十九世紀德國最偉大的哲學家與散文作家叔本華，這位學術主流外的哲學家，還是正確地提出他的觀察，即「很少有哲學家擔任過哲學教授，更少有哲學教授是哲學家。」

在我擔任記者的那幾年，我自己閱讀了許多哲學作品，那幾年中，我最驚喜的「發現」是考夫曼。與大多數學術界的哲學家不同，考夫曼恰巧是在大學以教哲學謀生的哲學家，他不僅從未失去對探問的童稚之愛，還窮其一生投注在哲學這個領域。考夫曼讓人印象最深刻的是，他把哲學家尼采的許多著作由德文巧妙地翻譯為英文，但他也寫了一些很有發展性的哲學作品，其中他全盤地塑造出與人類生活中重要問題相關的哲學系統。他寫作的方式具有批判性而且充滿熱情，同時也是蘇格拉底式的寫作方式。

在他的《一個異教徒的信仰》中，考夫曼寫下了這段感動人心的文字：

> 讓那些不知此生要做什麼而浪費時間的人，期望有永恆的生命。如果一個人活得很熱切，那就是安眠看似祝福的時候到了；如果一個人愛得很熱切，那麼死亡看似祝福的時候就到了……我要的是一個不能永世承受的人生。這是一個愛、熱情、受苦以及創造的人生……如同一個人在夜晚時應當有個好眠，一個人也應當死去；為什麼我

> 會希望再醒來？是想去完成過去所沒有完成的事情嗎？我們擁有比我們已善加利用還多的時間……以為死亡是那麼遙遠又毫無干係，生命才會遭到破壞與腐敗……一個人如果能坦然面對死亡，他的人生應該會更好……思考與談論死亡並不是一件可怕的事情。那些輕蔑誠實的人，不曉得它的喜悅。

十三歲時，我第一次讀到這段話。我覺得我浪費了我大半個人生。考夫曼的文字不僅讓我瞭解人生是珍貴的、短暫的，我的人生對我而言大部分都是浪漫而沒有意義的，也讓我瞭解，渾渾噩噩地生活，放棄追求人生的意義，真是不可原諒。我不是說，考夫曼的文字讓我立刻從夢中驚醒，但閱讀這位現代哲學家的文字，確實讓我泫然欲泣。考夫曼有一種不可思議的能力，讓我對自己習以為常的想法以及生活方式感到羞愧，同時讓我徹底改變自己的人生——雖然我花了好多年才把思想化為行動。

對考夫曼來說，哲學不是某種空中樓閣的訓練，而是個人的，是編織進一個人存在構造之中的東西。考夫曼遵從雙親的指示，從納粹德國移民美國，二十四歲時取得哈佛大學博士學位。他所愛的人在集中營遭到處決或死於當地。他在德國親眼看到人民不願去質疑這股力量——這股力量是在一個誇耀教育水準、藝術與科學成就的社會——，而使他的祖國落入萬劫不復的深淵。對考夫曼而言，重拾蘇格拉底的思潮不是什麼過去式的幻想，也並不是專業外某種玩票性的業餘計畫，而是具有重大意義的使命。

我想徹底閱讀考夫曼全集之後就會發現，他相信若沒有復興蘇格拉底的傳統就沒有未來。考夫曼給我一個觀念，下一次再有狂人試著以催眠人心的宣傳來誤導人類，欺騙他們做出不人道與不理性的行動時，人類如果想要維持自己的立場，「民眾」就得尋找蘇格拉底，讓其變成第二天性。

《紐約時報》在考夫曼辭世隔日所刊載的一小篇訃聞中，對他在尼采譯作以外的事情著墨甚少——只說他在普林斯頓的哲學系，以問「麻煩的」問題聞名。

考夫曼的直言不諱，無疑地對他學術事業的進展造成傷害。他感嘆現代學術界的哲學家普遍都是賣弄學問的假道學，他把這種賣弄的哲學稱之為「讓相對沒有的東西，卻可以永無止盡地有創意的一種模式。」他和康德，以及其他一些有創意的天才如阿奎奈（Thomas Aquinas）、黑格爾等唱反調。阿奎奈以融合亞里斯多德與基督教義創造出正統的天主教哲學聞名；黑格爾為德國哲學家，其形而上學的唯心論體系對哲學產生莫大的影響。考夫曼認為，這些偉大的哲學家都拄著充滿學術用語的假學問行走，「他們的天賦因此減少」。

考夫曼指出，更糟的是，「今日仿效他們的假學者並沒有分享到他們的天才。」考夫曼絕不是認為每個哲學家應該做同樣的事，他並不是指每個哲學家必須「自命為時代的批判者。」而是認為，當每位哲學家捨棄了蘇格拉底像牛蠅般令人討厭的角色時，哲學就有麻煩了。「如果每個人都要等到被指派提出批判，這就像指定一個人去做個惹人厭的人，這是一種遺憾……」考夫曼認為這是困擾學術哲學的中心問題。他寫道：「它讓人想到，重要的不是革新哲學，而是讓哲學再次具有改革性。」

杜威的修辭則溫和一點，他說，哲學急迫地需要「重建」。「今日的哲學，很少人能顯現對哲學能充分處理當代重大議題的自信。」杜威寫道。他非常強調追求知識時積極探問的重要性，而且喜歡說哲學的主體不是哲學，而是「人類的問題」。在他所處的二十世紀前半期，哲學家流行「犧牲實質內容，以將注意力放在形式之上」，而這個做法現在更為普遍。杜威嘲弄那些對研究主題缺乏睿智的哲學家，稱這些「退縮」至純形式世界的哲學家是「顯示騷動與紊亂程度的一種跡象」，標示著並糟蹋了現代的生活。

他們的批評受到其他「顯著的例外」的呼應，這些「例外」指的是，學術哲學家當中的蘇氏精神。專攻形而上學的前哥倫比亞大學教授布赫勒爾（Justus Buchler）在《自然與天譴》（*Nature and Judgment*）中對同儕做出以下的抨擊：「出於虛榮或缺乏耐心與想像力，哲學家喜歡互相責難對方，一心一意地想要清楚說明彼此結構中的意圖。專注於文法，縱使其本身無罪，卻已經妨礙對意義的瞭解，而在哲學上，則是助長混淆了字面意義與精確性。」

同樣地，以邏輯與數學的哲學著作，走在時代尖端的英國激進政治倡導者暨諾貝爾獎得主羅素（Bertrand Russell），在《羅素回憶集》（*Portraits from Memory*）中，大加撻伐這種哲學家，他認為他們陷入了「一個不重要且無趣的目標，不斷討論愚蠢的人在說愚蠢的事情可能好笑，但幾乎一點都不重要……」他表示，這類哲學家讓他想起一件事，「我曾經問一位店員到溫徹斯特最近的路，他轉身對屋後的一個男人說，『這位男士想知道到溫徹斯特最近的路。』『溫徹斯特？』一個只聞其聲卻不見身影的人回答。『是！』『到溫徹斯特的路？』『是！』『最近的路？』『是！』『不知道。』他把問題弄清楚，卻沒有興趣回答。」對羅素而言，「這正是現代哲學對熱中的真理追求者所做的事。年輕人轉向其他研究，難道值得驚訝嗎？」

考夫曼寫下的哲學是「雙重傳統」。這一方面可以從擁有存在主義學識的人身上得到例證，他們「試著像蘇格拉底一樣，讓哲學再次回到現實」，他們也「熱烈地關注有關人生的問題、道德情感，嚴肅看待哲學，把哲學當作一種生活的堅定信念。」另一方面則是分析哲學家，他們也一樣熱烈地相信，「任何道德、傳統與觀點，不論多麼崇高，都不能證明未經分析的想法、朦朧的爭論或困惑的感覺是正確的。」考夫曼指出，對每一位偉大的哲學家來說，哲學都是「處在這兩個亙古永存的趨向之間的張力，一下子傾向這邊，一下子又傾向另一邊」，但「存在主義者與分析哲學家都只是半個蘇格拉底。」

我認為，考夫曼所形容不是傾向存在主義就是傾向分析哲學的哲學家是「半個蘇格拉底」，確實有些誇大其詞。我認為歷代有些哲學家已經將蘇格拉底的觀點放進自己的哲學作品中，但如果哲學家不努力地把自己所珍愛的觀點，讓各種階層的人都能受用，使其成為他們充滿活力和相關生活的一部分，那他們就沒有真正擁抱蘇格拉底奉獻一己生命的蘇氏精神。

考夫曼預言蘇氏哲學的再起，或我稱之為「蘇格拉底的趨勢」將形成。他在三十年前寫道：「蘇格拉底的偉業如果真要再次發生，而且哲學家要在學術界之外享有未來，就需要有在分析與存在主義的張力之間思考的哲學家。」數年前，我第一次讀到考夫曼這段話時，我曾想：「我或任何人可以做到，把蘇氏對話帶回日常生活中這種豐功偉業嗎？如果可以，要從何著手呢？」

懷特海（Alfred North Whitehead）是一位試圖將現代物理整合至形而上學的英國數學家暨哲學家，他曾說過一句很有名的話，即哲學的歷史只不過延續柏拉圖的腳步。但我會說，哲學的歷史經常是一連串對柏拉圖的錯誤解釋、濫用和貶低的行為。許多歷史上赫赫有名的哲學家和現今許多學術界的哲學家，都有捨棄或忽略柏拉圖對話錄中充斥豐富、普遍的蘇格拉底傾向，他們從柏拉圖的作品中零星地竊取有價值的部分，然後用他們自己的觀點予以重鑄（而這充其量也不過是傾向類神祕主義）。

小藍得爾與他長期共事的布赫勒爾，是我遇到的少數幾位將蘇格拉底的傳統視如己出，並將其完美運用的學者。小藍得爾是希臘人道主義與基督教倫理的闡釋者，也是哲學與西方智性傳統的史學家，他主張「柏拉圖……創造了對話錄中的蘇格拉底，並在過程中創造了『蘇式問答法』的哲學傳統。」小藍得爾還說，這就好像柏拉圖「可以全面性地看著蘇格拉底，而且如我們所說的，客觀地觀察他。」他主張，這項功績使柏拉圖比蘇格拉底更「偉大」，但我認為，決定他們哪一位「比較偉大」不過是個徒勞無功的演練，倒不如花更多的時間單純地指出，蘇格拉底最高興的莫過於他這位出名的學生以他所創造與指導的方式超越他，透過學生的寫作，把他的遺澤傳承給我們。

小藍得爾主張，過去與現在兼容並蓄的寬廣的視角，讓我們藉此顯露出自己，也增加自身「對世界具有創造力的觀點」。

這裡的訓練不是那麼詩意的想法。基於人類對世界永恆不變的經驗，那些想法是出自不同觀點，對人類活動與其理想事業的展望。在尋找放諸四海皆準的世界結構，以及人類對此結構與在此結構內不同的經驗時，盡可能透過我們不同的眼睛自由自在地去觀看。

小藍得爾「盡可能地透過許多不同的眼睛去觀看」的忠告，以及將哲學「帶回至民眾」的理論，如同蘇格拉底在市集所做的——一樣優秀。書籍與學問都是小藍得爾和我不可或缺的世界，不過，有些經驗無法從閱讀他人的經驗獲得。有時，人就是必須像蘇格拉底一樣，縱身投入眾所周知的騷動之中，並極不尋常地與「一般民眾」發生正面衝突。布赫勒爾和小藍得爾相信，哲學的生活不只是心靈或象牙塔的生活，他們與一般人進行哲學交談已經到了一種罕見的程度，他們在廣播中與一般聽眾以及與非此方面出身的專家，舉辦公共的哲學對話。在當代文明中，哥倫比亞大學的一般教育計畫享有極高的評價，而布赫勒爾則被視為其道德與智性之領導者，該計畫大膽地將學術之間所豎立的人工界線模糊化，並致力於觸及大眾。至於小藍得爾則是當代的行動主義者，他為了自己的信念寧可犧牲自己的事業。一九九三年，他簽署了一項學院的聲明，譴責「要把世界捲進另一場戰爭中的猖獗經濟國家主義與個人主義」，兩年後，他和美國教師聯盟（The American Federation of Teachers）的官員一起辭職，以抗議左翼的煽動，因為他們覺得左翼政黨利用工會，把工會變成促進自己議程的政治運動。一九四〇年，他領導教育者對抗一項紐約市學院對任用羅素的禁令，羅素因為在宗教與道德的「激進」觀點而受到杯葛。小藍得爾和布赫勒爾都是「行動主義學者」，他們讓哲學探問成為各種階層人士生活的一部分，並在象牙塔和「現實世界」間搭起橋樑。在哥倫比亞大學待了近四十年後，布赫勒爾還是選擇離開了，顯然有部分原因是因為他覺得這所大學不再大力接納多元化的哲學思考，他前往位於石溪市（Stony Brook）的州立紐約大學，並在那裡成立了一個哲學觀點的研究課程（現已廢止）。

與考夫曼的作品一樣的是，布赫勒爾和小藍得爾那些創新的貢獻，即使是在最現代的哲學字典或哲學百科全書中都找不到，儘管他們在其學養中有重要著作，「異端式的」哲學思考方法無疑是他們與學術界同儕格格不入的一個原因，這也是他們一直乏人賞識且被忽略的原因。

世界之外

我剛進入一間首次將舉辦蘇格拉底咖啡館的餐廳，這間餐廳位於中西部州偏遠地區某個孤立的大學城內。看到裡面擠滿了群眾，只剩站立的空間，我盡可能地掩藏內心的驚訝。沿著長形櫃檯排列的旋轉椅都坐滿了人，面對櫃檯用餐區排成半圓形的摺疊椅也滿滿是人，而外面不斷還有人走進來。

我應一位哲學教授之邀，來這裡進行一場蘇格拉底咖啡館，這位教授是布赫勒爾的門下，受其鼓勵決定取得哲學的博士學位。他寫了一封動人的信給我，他告訴我，教了四十多年的哲學之後，他「有點筋疲力盡」。他說，他「抱著哲學可以改變世界以及文化發展的理想希望」進入這個領域，顯然他也和我一樣在哲學中尋找蘇格拉底，不過在學院的那個世界，他並沒有找到他形容為「年輕人的危險腐敗者」的蘇格拉底。「我所認識的哲學家，」他寫說，「就我所知，沒有人會因為任何理由受到國家的審判。」更別提像蘇格拉底是因為教導年輕人批判性的思考而被起訴。這位教授說，這就是「學術界的哲學不是完全被忽略，就是順應一般資本主義的世界觀，以至於幾乎隱而不見的證據。」

他說，他努力地想了解他的教育對這個世界的改變，但這卻是「一個令人挫敗的工作」。他在信中指出，讓他的職業顯得一無是處的是，哲學家不再受人賞識，甚至就連學術界的同儕也投以相同的眼光。他說，他很擔心許多大型的州立和公立學院與大學將會一起廢掉哲學系。「我知道我自己的學校，」他寫道，「正朝這個方向進行。我們系上受到行政部門攻擊，這可能會使我們遭受廢系的命運，畢竟，蘇格拉底不需要占用校園任何一棟建築物的寶貴空間。」

這是一位看到哲學希望的教授—在學術界外，如果適當地培養蘇格拉底的對話，那麼哲學就可望興盛。「你的哲學咖啡館是個很好的想法，也許會大為流行。」他在信末寫道。

回信時，我隨意地提到，也許我可以幫忙他那裡推展一個蘇格拉底咖啡館。驚訝的是，他很快就和我聯絡，並告訴我，如果我到那邊舉辦一個蘇格拉底咖啡館，他願意在城裡安排一間餐廳或咖啡館。

我當下就答應了。

兩個月後，我來到他的家鄉，一間在這位教授任教校園附近——開幕不久的咖啡館。這次蘇格拉底咖啡館的參與者中，有來自鄰近大學哲學系的整個教授代表團——我相信共有六位。邀請我的教授說，全盛時期的哲學系曾經有多達二十到二十五位教授，不過這些教授都過了中年，其中有些年紀都很老了。討論開始前，其中有人就悲哀地說，每次一有哲學系的教授退休，學校的行政部門就拒絕再聘新教授，哲學系因此更加凋零。

和平常一樣，蘇格拉底咖啡館開始時，我會請他們提出一個問題討論，一位大腿上放了一堆教科書、手握著筆和筆記簿的學生問道：「只有主觀的世界，還是有所謂終極真實的世界？」

我不知道我們是否能充分地談論這個話題？我們要如何在幾個小時內真正碰觸這個問題？從哲學訓練開始，哲學家就為了究竟什麼才是世界而苦苦掙扎。例如，霍布斯在《利維坦》中寫道，「世界」是「所有事物的整體」，可是他從沒有清楚說明他所謂的「所有事物」是什麼意思。康德是眾多相信兩個世界的哲學家之一，在他的「兩個世界」哲學中，康德區分現象世界與本體世界；現象世界是藉由感覺可以認識、心靈可以詮釋的世界；本體世界是時空、因果背後不可知的世界。相對地，維根斯坦則在《邏輯哲學論》（*Tractatus Logico-Philosophicus*）中主張，談論一個不可知的世界是「無意義的」。對維根斯坦而言，這個世界是「事實的總和」，以邏輯的結構去塑造我們世界的界限。事實是本來就可知的，而對於所謂的不可知，維根斯坦說「我們必須不出聲」，因為我們不應該談論我們不能與不知的事情。

「何謂世界？」我似乎在大聲地問自己。「什麼是世界？」

一位穿著花俏的毛衣套裝，才剛入座的女子答道：「我認為『世界是你自身打造的』這句老生常談的話其實頗有真意。對於天主教徒、無神論者、印度教徒、柏拉圖學派信徒、懷疑主義論者、新世紀論者、探索者、異教徒、神祕主義者以及這個房間所有的人而言，在某種意義上，我們就在各自的世界。基督徒一定會堅信，世界是通往來世的踏腳石。他想像中的『上帝』無時無刻不與他同在。有些人也可能相信有來世，不管是在這裡、現在或死後，但如果我沒有這種想法，那此時此地我的世界，不論我們所共有的世界是哪一種，在許多方面都將與其他人的世界截然不同。」

一個頭髮修剪得很短、表情做作、冷漠的年輕男子，自命不凡地說：「沒有單一的世界，只有許多個世界，我們都活在自己的世界，我們每個人都是一座孤島。」

「我們現在像是在和別人溝通，」我對他說道。「這似乎顯示出，在某種程度上，我們正分享著世界。」

「溝通是沒有意義的，」他毫無表情地回答。「我們從不瞭解對方。」

「那麼，」我對他說，「你和我現在沒有在溝通，沒有在瞭解對方囉？我們只不過在胡言亂語囉？」

他只是瞪著我，沒有點頭表示同意或搖頭表示不同意，他只是瞪著我，沒多久，他站了起來，然後退出我們眼前的世界。

一位教授接著說：「不是有個世界帶著來自不存在的觀點（a view from nowhere）嗎？我想亞里斯多德曾非常確信地表示，這種世界的存在。」

提出這個問題的那位學生好像有備而來，準備繼續談論這個主題。「亞里斯多德一點也不支持一個來自不存在地方的觀點，」她堅定地說，每當我們談到這種觀點，我們以我們自己的那部分談論它，」她停頓一下，整理思緒。「亞里斯多德確實認為有一個不存在的地方——也就是整體宇宙——，但他並不認為有一個來自於不存在地方的觀點。」

我的眼角餘光看到那位「亞里斯多德派」教授帶著綜合了羨慕、驚嘆與憎恨的表情看著她。

另一位參與對話的學生接著表示：「如果這個觀點是一個人類提出的，那它就一點也不是來自不存在的地方，實際上，它是來自某個地方的觀點。」

一位穿著高雅、身材纖細的中年婦女突然站起來說：「要知道是否真有一個來自於不存在地方的觀點，唯一的方法就是回答這個問題：如果一棵樹倒在地上，沒有人聽到，那這棵樹是不是有發出聲響呢？」她坐了回去，看來對自己頗為滿意。

一位主修物理學、一本正經的學生回應說：「一棵樹在人類聽力範圍之外倒在地上是否有發出聲音，一點也不切題，這是個假設性的問題，如果沒有人剛好以某種方式在某個地點表示有發生或可能發生這件事情，它甚至不能成為一個問題。」

「某個人，在某個地方，必須有證據『知道』或『推測』，一棵樹倒在地上，」他繼續說下去。「如果某個人說，這棵樹倒在地上，那他只是合理地推測，樹倒地時可能會發出聲響，而另一種情形，他確實曾親眼看見樹倒在地上，並發出聲響，或是他憑藉有力的證據，確知樹倒地時通常或幾乎都會發出聲響，他才可以就此情況做出這樣的推論。那棵據說倒在地上的樹和因此而發出的聲音，必須以某種方式被證實和確認。一個方法是，重建它倒地時的情形，藉由我們熟悉類似或完全一樣的『真實』的例子，以『真實』的證據來推測發生的事情。而為了像這樣看似真實的推論，提出有力的結論，你必須累積並利用知識。」

我望著提出樹木問題的那個女人，看看她是否想做任何回應，但她搖搖頭表示不要。

接著，另一位教授抨擊某些參與者實際上提出的是相對主義者的觀點。「有些人，」他說，「似乎在暗示沒有所謂一般的概念，但數學符號卻是一般概念的代表，它們略述了從不存在地方來的觀點。」

「可是，」我說，「這些所謂的一般概念只是以人類衡量角度、發明、『想像』它們的形式存在嗎？若是如此，『不存在的地方』不就真的是某種非常特別，換句話說，也就是我們的心靈，我們自己的『某個地方』？」

他聽不進去。「你只是不想接受有獨立存在於人類之外的一般概念，」他輕蔑地說。

然後，另一位教授企圖對大家說一個笑話。他打斷了一個才剛開始說話的學生，嘲笑著說：「如果有一個教授跌倒在地，有人會聽到嗎？」不過，都沒有人笑。

學生們鼓起自信和勇氣來挑戰我與他們的教授。一個學生說，他才剛讀了一本名為《人面獅身龍尾獸》（*The Manticore*）的小說，作者是羅伯森・戴維斯（Robertson Davies）。「戴維斯在他的書中談到來自別處的觀點，」他說，「我們能做的或許就是接納來自於別處的觀點，除了我們之外的觀點，這或許是擴張我們自己世界觀的方法。反過來說，一個來自於不存在地方的觀點，在我看來，似乎可以帶領我們到……呃……一個不存在的地方。這是一個很有趣的看法，但是最後，它還是個不存在地方的觀點。」

「但一個不存在地方的觀點，因為是在這裡的人所提供的特殊觀點，不也就是一個從別處來的觀點嗎？」我問他。「以此推演，這個觀點不就值得人考量並盡可能用盡一切地加以審思，即使你們有些人會下結論說，這不是你會同意的事？」

「此外，」我說，「這個從不存在地方來的觀點，不就是真正『終極客觀』的觀點嗎？一個我們永遠也無法到達，但可以努力去一點一點靠近的觀點？」

那位學生沒有回答。他仔細思考，沒有做立即的反應。現在有幾個教授似乎因為我好像在為「他們所愛的那個來自不存在地方的觀點辯護」而受到鼓舞。我甚至無意中聽到有一個人在我的回應之後，喃喃說道：「正是如此。」然而，為了維持蘇格拉底的探問法，我並非在為哪個觀點辯護，而是堅持我們應該盡可能從不同的角度和有利的觀點來檢視每一個課題，堅持我們引人注目的異議，以及其他另類的想法。

最後，我開始誘導其他「安靜的參與者」回應。每一次蘇格拉底咖啡館總會有這種人，他們只專心地傾聽大家討論，要不就是沒有非說話不可的感受，要不就是覺得發言非常不自在，除非被人點到，可是，當我問他們是否要說些什麼的時候，他們總是會有非常具有洞見的評論與大家分享。與我一同坐在櫃檯的一位學生說：「對我來說，世界必須是一個我肉體可以看到、感覺到以及觸摸到的東西，那種來自不存在地方的觀點對我而言沒有什麼意義。我試著認真考慮它，但它似乎就是空虛而無意義的，你或許會說，它可以被視為一個更先進更客觀的觀點，可是我不認為這是他所指的意思，」他朝那位教授的方向點了個頭。「我想，他認為那就像是一個來自天堂的觀點，像是上帝之眼的觀點。」

然後，坐在櫃檯遠處一個膽怯的女子，對我要求她發言，似乎感到既困擾又高興。停頓片刻後，她說：「我想在我們開始談話沒多久時，認為世界只有許多個世界、沒有單一世界的那個人，說得有幾分道理。我認為，在某種意義上，我們每個人都是一座孤島。例如，一位學寫詩的學生、一位博弈理論的學生、一個原子物理的學生、一位文化人類學的學生，每個人都各自研讀自己孤島的知識，很少關注有關其他人孤島的知識。他們都認為自己的島是最值得投注時間和精力去開發的島嶼，因此對於其他島的瞭解，他們就不是很清楚了。」

「就如同多恩（John Donne）所寫的，『沒有人是一座孤島』，事情不盡然如此。每個人和他們的知識領域並非是一己的孤島，即使他們認為自己是孤島。他們的島不斷地交叉重疊，因為他們各自以自己的方式探索，探問世界為什麼會變成這個樣子，並探究其中的緣故。所以他們所追求的有其共同性，不管表面上看來有多麼不同。」

我們專心地聽她講下去，她也不再那麼遲疑。「確實，他們可能各自追求自己的研究，但這只是意味著，每個人所專注的看法，都只是這個世界無數觀點中的一個；事實上，每個人都以自己的方式尋求，透過各自專門的研究來統一他的世界。不論是物理學家、詩人、人類學家、經濟學家或神學家，每個人都使用他們各自領域的語言與理論，試圖創造出世界的大致形象，一個統一的看法。」

「我完全贊同她的話。」一位大學宗教系的教授插嘴說道。他是唯一沒有與其他教授坐在一起的教授，臉上一直帶著疑問、幾乎是覺得好笑的神情。

「她的世界觀對我們所居住的世界而言，又說明了什麼呢？」我問他。

「我們的世界是一個啟發我們將其視為一體的東西，」他回答。「我們試圖以許多方式和手段呈現世界統一的看法，而這恰好顯示這個世界的多元性。就如很久以前威廉・詹姆斯所說的，我們的世界無疑是個多元的世界。」在《宗教經驗之種種：人性的探究》（*The Varieties of Religious Experience*）以及《一個多元的宇宙》（*A Pluralistic Universe*）中，詹姆斯斷言，試圖減少人類在個人、文化與宗教上所承襲的眾多方式與看法，將是智性上的不誠實與過度簡化。對他而言，所有這些「世界上真實的特質」，確實地顯示出我們的世界應該是開放且多元，同時也不斷地在演變中。

「而她如此辯才無礙的說法」，這位教授繼續說，「不只與詹姆斯，同時也和法國天主教哲學家暨所謂的激進派神學家吉爾松（Etienne Gilson）的意見完全一致。與詹姆斯一樣，吉爾松認為世界上充滿了未知、創意，讓無數的觀點進行無止盡的探索。」

「我認為這意味著，」另一位第一次發言的學生說，「這個世界不只有許多不同的風格與思考方式，而且還有不同形式的智慧——宗教的、哲學的、科學的以及詩歌的智慧等等。」

哈佛教授也是心理學教授迦納（Howard Gardner），在他著名的多元智慧理論中，將其分為七種不同種類的智慧：語言智慧、邏輯數學智慧、肢體動覺智慧、空間智慧、音樂智慧、人際智慧，與內省智慧。儘管一般認為這個理論是兼具煽動性與開創性，然而，我一點也不認為他確認了智慧的種類；確切地說，他指出的是某些智能——心理的、美學的、科學的、直覺的智能等，可以表達的方式。

另一位參與者接著說：「根據剛才幾個人所說的，我想我們的世界是一個包含無數觀點的世界，每個人都有一個世界，因為我們對世界都有些微不同的觀點。」

傑出的理性主義哲學家萊布尼茲（Gottfried Wilhelm Leibniz），與微積分的發明人暨現代數學邏輯的始祖牛頓，兩人皆主張，潛在世界的數目是無限的，它們都是上帝在創造這個現實世界前就考量過的，而這個現實世界是「潛在世界中最好的」。萊布尼茲相信，由於上帝必定創造出一個較其他可能被創造的世界都更好的世界，所以按照道理來說，每一件發生在我們世界的事情終究都是好的，他主張，邪惡之所以存在於這個世界，乃是因為它是整個完美世界所必須整合的一部分。他藉此巧妙地為邪惡進行辯護。不過，法國哲學家、論說家、小說家暨社評家伏爾泰並不認為世界上的邪惡可以這麼輕易地巧辯過去，他透過他經典的諷刺作品《康第德》（*Candide*）中的人物潘格洛斯博士來諷刺萊布尼茲以詩文取笑潘格洛斯的看法，即「全都是為了在最好的可能世界中做到最好的」，不管一個行為或事件有多邪惡，伏爾泰相信，我們必須採取實際的行動以打擊阻礙這個世界的邪惡。「我們必須培育我們的花園。」他寫道。

一個接著一個，沉默的參與者切入談話之中，參與者愈來愈有自信地加入對話，談話中的觀點也愈來愈豐富多元，誰是大膽的思考者顯而易見。

然後，令我吃驚的是，離預定結束時間還早的時候，一位教授站起來說：「我們到此為止吧，謝謝你們的參與。」這次的討論才剛開始充滿動力，就被突兀地中止了。沒有人問過我們是不是要結束談話，但那位教授便逕自宣佈：「下課了！」

出人意外的問題

在許多方面，我們只觸及到那些我們所探究的問題的表面，還沒區分客觀與主觀的現實，更沒有試圖敘述「終極的現實」（更遑論「現實」本身），我們還未開始對所有可能存在或不存在的世界種類定下標準，然而，我並不會因為這次討論突然終止而感到挫折，因為我知道，以後的蘇格拉底咖啡館還會有機會討論有關不同世界與現實的種種問題。就如我所知，這類的討論可能會受到許多無法預期的問題所鼓舞。

接納「其中的什麼」

「為什麼是『什麼』？」

在一間可俯視北加州海岸的深邃書店咖啡館裡，我正在舉行蘇格拉底咖啡館。我要求大家提供可以討論的問題，而這正是其中一個人向我拋出的問題。三十個左右的參與者中，許多人都對他投以一個相當奇特的表情，我想我自己在看他的時候一定也有點怪怪的。

我想知道，我必須知道原因。我接下這個問題，然後問他，「你到底是什麼意思啊？」

「我是個工程學生，」他回答，帶著明顯的俄羅斯口音。他的態度很紳士，年紀看來二十出頭，但頭頂幾乎已全禿了。他繼續說：「我常研究不同的『什麼』──次原子粒子、電磁場、聚合體、橋樑等等；我常問自己，為什麼這些『什麼』存在，或為什麼它們能存在。我發現，沒有先成為『什麼』，就不會有『為什麼』。」

他吸了口氣。「那麼，」他說，「為什麼是『什麼』？」

一位女子好像有點困惑。「這只不過是意淫。」她說。

「為什麼？」我問她。

「因為它不合理，」她說，「我覺得他只是在玩弄文字。就哲學上而言，我不認為這可能被討論。」

「可是他剛才解釋了他的意思是什麼，」我說。「他甚至還解釋了他所謂的『什麼』，他已經以自己的觀點回答了『什麼是什麼』，而他現在想要我們幫他回答『為什麼是什麼』。」

「我覺得他只是反應比較快，」她說。「我不認為他真的知道自己在說什麼。」

蘇格拉底咖啡館的常客勞爾，以往對我們討論過的每一個問題都抱持著開放熱中的態度，這次卻站在這位女子這邊。「你無法問為什麼是『什麼』。」他斷然地說。

「你連問這個問題都不能？」我說，「這聽起來很……獨裁。我們之中有哪個人可以說這個問題不能被問呢？」

這使得有些人站在那位工程學生的立場說話。「這個嘛，蘇格拉底無法討論每一件事，」一個男子說道，他的鬢角和髮型都與身上T恤的貓王肖像相似。「此外，我也不認為蘇格拉底會草草打發任何誠心誠意想與他討論的人的問題，不僅蘇格拉底會問『為什麼是什麼』，我想他還會問『什麼是什麼』。人類是『什麼』嗎？是否所有存在的、物質上或精神上的，就是某種『什麼』呢？」

「他是對的，」一位在勞爾身旁、總是陪他來聚會但很少說話的女伴說道，「讓我們來看看這位年輕人的問題，」她對她的朋友說。「讓我們探討它，試著暫時把我們的偏見擱在一旁。」

「為什麼是什麼……為什麼是什麼……」勞爾不情不願地自言自語著。

然後，我太太西西莉亞朝那位工程學生的方向點個頭說，「當他第一次問這個問題時，我也不覺得它有什麼意義，但在我的母語中，『為什麼是什麼』是¿Porqué es qué，而我發現這個問題的第一個字——porqué——包含了第二個字qué，因此，在西班牙文中，當我們想要詢問一個理由時——也就是問『為什麼』時——，我們同時也在問我們問題的主題，也就是『什麼』，所以，詢問一個理由的同時，也在問事情的本身。在我的母語中，為什麼和什麼是不可分的。」

一位一直堅持拒絕討論這個問題的男人，帶著有趣的表情看著西西莉亞，他終於說話了：「你把我的觀點做了一百八十度的轉變，原本我的想像力無法打破語言的藩籬，並任其自己探索這個問題。」他坦白地這麼說時，看來有點不好意思，但也好像很興奮。

工程學生對他說：「我很高興你對我的問題提出反對的意見，因為我也懷疑自己是否真的知道我想問的是什麼。在我看來，從質疑我的問題，我們也得到了一些答案，而這些是如果我們一開始就直接回答問題，所不可能得到的答案。」

他接著說，「我終於準備好要接納『其中的什麼』了。」他害羞地笑了笑。

「那麼，」我對這個團體說，「在我們接納它之前，讓我們試著更小心地審視，這個『什麼』是什麼或可以是什麼。」我凝望這位工程學生說：「你把『什麼』等同於次原子粒子、電磁場、聚合體和橋樑，所以我猜你說的是，某個東西如果要具有『什麼』的身分，它必須是物質實體。」

他滿意地點點頭說：「沒錯。每個存在的東西都是由基本的粒子所構成的物質實體。」

儘管很多哲學家和科學家會同意他的話，但身為蘇格拉底的學生、亞歷山大大帝的老師亞里斯多德可不會。他拒絕接受基本的粒子這種獨斷之見，這些比起可以查證的假設又更接近一廂情願的想法。在他的《物理學》（*Physics*）中，亞里斯多德說，實體是「對我們而言是最重要的，然後我們又將其區別為原則、原因與元素。」據他所言，實體不僅是本質，也是一切事物——精神上與物質上、有形與無形的源頭。他還指出實體不能與其性質、力量與現象分開來理解或認識，因此不能被減約為不可再削減的單體。

雖然亞里斯多德和柏拉圖是西方傳統中最具影響力的哲學家，大多數在亞里斯多德之後的人都忽視他在這個主題上的觀點，顯然是因為人們覺得它很怪異，不過，以駁斥上帝存在之證據而聲名大噪的十八世紀英國經驗主義哲學家休謨，卻是少數運用亞里斯多德豐富的思考路線，做為自己實體概念化跳板的人之一。休謨在《人性論》（*A Treatise of Human Nature*）中寫道：「我們對外在的實體一無所知，不若特定性質的概念。」他這麼說必定意味著我們對心靈的部分也沒有概念，「不若〔心靈對特定物體〕有特定的看法。」休謨基於這兩項「前提」展開一套理論，即自然有許多層面——物理的、社會的、心理的與藝術的層面等等——，而每一個層面在整個體系的事物中，本身就是「必要的」與「根本的」，這些層面沒有一個是單獨存在的，它們重疊與接合，經常相互影響。

亞里斯多德接納他那個時代盛行的宇宙論，主張某些實體如「天體」是不可變的，因此「完整」，不過，他也與休謨有同樣的看法，即任何一種實體絲毫都不單純。根據這個哲學觀點，一個實體或一個「什麼」，因為它可做的什麼、能做的、可能做的什麼，或什麼可以對它起作用等，而成為實體，這與它是因為由「什麼」所構成而是一個實體沒有兩樣。它的真實、驅力、力量、潛能、歷史，在在都是它「終極」或「根本」的體格的一個部分或一個群組。休謨相信，所有這些實體的刻面都同樣必要、終極與根本。把它們之中任何一個獨立出來，不只會讓實體大量失真，還會扭曲實體，致使它無法復原。

「『好』這個詞，也可以成為一個『什麼』嗎？」我問那位工程學生。

他臉上滿意的表情消失了。「什麼？」他問。

「所謂的好，也可以是個『什麼』嗎？比方說，如果我吃了一個漢堡，我說，『它很好吃，』則我對漢堡的形容——『好』——是個『什麼』嗎？或者我救了一個快要溺水的人，而我的功績被形容為『好的行為』的這個『好』，是個『什麼』嗎？」

那位工程學生看來受挫了，而勞爾立即伸出援手。「行為本身是個『什麼』，」他說，「就如漢堡本身是個『什麼』一樣，但『好』不是個『什麼』，『好』只是物質實體的性質。」

「只是性質嗎？」我問。「性質不也是個『什麼』嗎？漢堡的性質或援救一個快要溺水的人的性質不也是個『什麼』嗎？」

那位稍早把這個問題形容為意淫的女人說：「它確實是個『什麼』。」她看著工程學生說：「你是個唯物主義論者，可是，不是物質的東西也是個『什麼』，性質和天底下每一件東西都一樣是個『什麼』。每一個存在的東西都是『什麼』；事實上，性質讓什麼變成什麼，所有的『什麼』都有性質；所有的性質都有『什麼』。」

她停頓一下，整理自己的思路，然後表示：「如果我看著你說，『你很英俊，』那麼我是在用說你是個『什麼』一樣的方式，在說英俊。如果英俊這個性質不是個『什麼』，那我就不能使用它。英俊是個形容你的詞彙，一個詞彙是一個實體，一個『什麼』，為了特別的目的而使用，以進行溝通，所以，這些我們分享的詞彙，例如好或英俊，也是『什麼』。我是個英文老師，我教人使用詞彙，他們使用的每一個詞彙都是『什麼』。人們運用詞彙以組成事物，創造出文學或信件等作品，就像利用化學藥劑去建構某些事物一樣。」

「詞彙不也是讓我們能談論並指認出『什麼』來嗎？」

她疑惑地看著我。

「我想你說的是，」工程學生看著我說，「詞彙是我們以某種方式用來指向、指出或形容構成宇宙的真實實體，但我還是不認為詞彙和『什麼』是相同的。『什麼』是真實的，『什麼』是構成宇宙的東西，而詞彙則是我們的工具，為構造真實的『什麼』賦予意義。」

在別人切入談話前，他嘆口氣說：「但我想詞彙也是『什麼』，否則我們無法談論或形容什麼是詞彙或它的功能。」

他轉向那位英文老師，然後說：「你好像認為詞彙與性質不是物質，而我現在瞭解，當我說只有具體的東西例如漢堡與聚合物是真實的或物質的時候，我哪裡錯了。不過，詞彙也是真實的，也是物質的。如果一個詞彙出現在一張紙上，它是因為由某種東西所製造才能做得到，就像它出現的那張紙也是一種東西，一個『什麼』，而若這個詞彙像個思緒出現在你心裡，它是因為你的心是由具體的實體──你的大腦──所組成才能如此。」他停頓好一下子，然後又凝視著那位老師說道：「我想試著說明的是，你似乎在區分物質和非物質，好像在說它們是兩種不同種類的『什麼』，而我現在說的是，沒有所謂的非物質，所有東西都是物質，就像它們看來是非常不同的物質事物。」

「所以，詞彙是『什麼』，是我們說出來的思緒，是我們用以指出現實中有什麼的東西囉？」我問。

「差不多就是這樣。」他說。他的觀點和布萊德雷（F. H. Bradley）的觀點十分相似，後者是英國首屈一指的唯心論哲學家，在其具影響力的著作《外觀與真實》（*Appearance and Reality*）中，提到現實為「什麼」和「那個」的結合，在其中，我們的思緒──就是「什麼」，對形式或一般概念賦予實體或真實──就是「那個」。

一個宏亮的笑聲驚動了大家的注意力。是勞爾在笑。他說：「當你第一次提出這個問題時，讓我迷惑的是，你問問題的方式，你用了一個我無法理解的方式來問問題。我想，一個小孩問這個問題的方式會是，『為什麼會有而不是沒有？』或『為什麼有什麼？』」

「海德格說，人類是唯一會質疑存在本身意義的生物，會問為什麼會有而不是沒有？」我說，「我們好像證明他是對的。」

「存在！」勞爾說得那麼大聲，嚇到我們大夥兒。「現在，可有個名稱了！」他再度看向工程學生，問道：「『什麼』是這樣嗎？『什麼』，換句話說，就是存在的東西嗎？」

這次，工程學生的反應很快。「是的，正是如此。」

「我不同意，」西西莉亞說。「那還不是存在的東西，那些哲學家可能會說『形成狀態』中的東西又怎麼說呢？它們也是『什麼』。」

「我恐怕不太瞭解你的意思。」工程學生說，從別人臉上的表情看來，大家也都有同感。

「這個嘛，我可能會是一個高齡者，」她說，「如果我活得夠久，我最後會成為一個高齡者，而我的意思就是，我內在的潛能，即那個我有可能變成但現在還沒成為的那個人，和我現在是什麼人，一樣是個『什麼』。」

一位雙眼炯炯有神的老婦人對西西莉亞說：「我是那個你有可能變成的高齡者。」接著，她把注意力轉向我們，並用拉丁文說：「Sum quod eris, quod es, ante fui, pro me, pregor, ora!——我是你即將變成的人，我曾經是現在的你，請為我的靈魂祈禱。」

「這句話很美，但恐怕我無法同意。我不認為潛力是個『什麼』，在潛力實現前，它是……什麼也不是。」

「可是，一旦潛能實現，你也會瞭解它早就在你身上，」西西莉亞說。「當我還是個小孩時，我總是夢想成為一個舞者，然後，當我是個少女時，我開始在瑪莎・葛蘭姆的現代舞學校上課，從那之後我就一直在跳舞。我是個舞者，同時也是許多其他東西，我有變成許多其他東西的潛力。而且，我不同意你說的，在我實際上變成一個舞者前，身為一個潛在的舞者——具有變成一個舞者的潛能——，什麼也不是。變成就和存在一樣都是『什麼』。」

「我瞭解你的意思了，」英文老師插嘴說道。「比方說，一粒橡樹的果實有可能會變成橡樹。經驗顯示，如果它被適當地栽植，就會變成橡樹。」她向那位工程學生點點頭，繼續說道，「現在你可能會說它只是個橡樹果實，在它變成別的東西以前，我們無法再說它是個別的什麼，但就算它永遠不會變成一棵橡樹，我們還是可以說，在理想的狀態下，它有可能變成橡樹，而我同意西西莉亞的話，潛力也是個『什麼』。」

「那麼改變也是個『什麼』？」我問她。

「是的，確實是，」她說，「改變是個過程，而過程是個『什麼』。」

「所以……改變是真實的過程，而真實的東西是個『什麼』。」

她只遲疑一下又說：「是的，沒錯。」

「可是，一粒橡樹果實，在理想的狀態下，沒有別的選擇，只能變成一棵橡樹，」我說。「就像西西莉亞，在理想的狀態下，終究會變成高齡者。這些顯然都是不能被控制或操縱的事情——至少，目前還不行，但即使她可能具有成為一個舞者的潛力，她也可以輕易選擇永遠不去實現那個潛能。」

「不管哪一種情況，她都有那個潛能，」英文老師說。「有些類型的潛能是天生的或本能的，不是我們或誰可以控制的，然而，至少就人類而言，有些類型的潛能是伴隨著選擇。」

「而不管是哪一種類型，潛能都是真實的嗎？」我問。

「是，絕對是，」她說，「不管我有沒有發現它或接觸它，它都是真實的。當然有很多方面的潛能是我永遠也不想去碰觸的，好比說，我，就像每個人一樣，有傷害別人的可能，但基於我的價值觀，這是我永遠都不想實現的潛能。」

這場對話，暫時令人愉悅地緩和了下來。

最後我問：「獨角獸是個『什麼』嗎？」

「是，但也不是，」一位很晚才到場參與對話的男子說道。「它不像馬或長頸鹿一樣以真實動物的方式存在，但它存在你的想像之中，存在於繪畫中，也存在於一些書籍中，它是個想像的『什麼』。」

「這就是我不同意的地方，」工程學生說。「我同意想像是真的，因為想像是一個真實人類心靈的一部分，我也同意，獨角獸的畫是真的，有關獨角獸的書也是真的，因為畫和書都是真的，它們是個『什麼』，但獨角獸本身不是真的，它不是個『什麼』，因為沒有真的獨角獸這樣的東西存在。」他微微一笑，補充說道，「至少，我不認為有。」他再次深深嘆息，然後說，「不過，我現在倒質疑，我對何者是真的『什麼』和何者卻不是的想法了。」

此刻他臉上燦爛的微笑與他深鎖的眉頭看起來不太搭調。最後他表示：「我開始懷疑我一點也不知道『什麼』是什麼。」

什麼是什麼？

他不是唯一的一個。這是個令蘇格拉底深感困擾的議題。柏拉圖的蘇格拉底對話錄之一的《斐多》，主旨談的就是造成實體或什麼「即將變成」（coming-to-be）與「停止成為」（ceasing-to-be）的因素，以及這些「什麼」是由什麼所組成的，甚至早在蘇格拉底以前，不論是不是哲學家，都試圖發現實體的聖杯（Holy Grail of Substances）——「終極的什麼」，也就是單體的最單純化（the Simplest of Simples）——即無法再被減約或進一步分裂的東西。

事實上，許多宇宙論者聲稱，他們終於看見所有已知性質之下，發現實體本身最單純、無所摻雜的、不能再被消滅的型態。他們將此實體稱為……「紘」（string）。它是一次元的、震動的、呈圈狀的線。他們還說，結合這些震動的紘，即可說明最顯微程度的單一物體——而這是一項統一了所有自然科學世界理論的發現，因為它在廣義相對論與量子力學之間，一度被認為是不可連結的分歧中，搭起了橋樑。

哥倫比亞大學的物理學家布萊恩・格利尼（Brian Greene）是紘理論——終極的單純實體——的積極倡導者。他在《優雅的宇宙》（*The Elegant Universe*）中寫道：「紘理論從一個原理——每一件物體在最顯微的層次是由線的結合而組成——，提供一個可以解釋所有力量與成分的單一架構。」格利尼和他大多數的宇宙論同事相信，每一件被觀察的物體都可被減約為這些微小的一次元環狀物，並指後者提供了「一個可以解釋每一個基本特性的架構，而宇宙的構成則奠基於這些基本特性之上。」格利尼相信，紘理論一如原先所應允的，是「一個無可動搖的連貫性支柱，永遠地向我們確保宇宙是個可以被理解的地方。」他以「物理學最深刻的可能理論」或「T.O.E（theory of everything）（每件事的理論）——宇宙最微小層面的終極解釋」來讚美紘理論的可能性。

但這個確定「終極的什麼」的最新嘗試，真如格利尼所聲稱的是「概念上的躍進」嗎？它真的是一個「劃時代的轉折點」，「給予我們合理的希望，覺得自己是在（朝著統一所有科學知識的）正確與可能是最終的軌道之上」嗎？或者它實際上也毫無新意，可能只比舊瓶新裝稍微再多一點意義？蘇格拉底之前的哲學家，西元前六世紀的簡化論者德謨克里特（Democritus）與留基波斯（Leucippus）相信，宇宙是由移動在空無空間的基本粒子所組成；而在他們之後，笛卡兒、牛頓、萊布尼茲與洛克全都主張，實體的最單純化是「根本的」、「終極的」與「絕對的」。

相反地，哥倫比亞大學哲學家布赫勒爾則不相信有所謂的單體。更確切地說，布赫勒爾認為，每件事物都是個複合物——不是複合的，而是一個複合物。「不管什麼，」他在《自然複合物的形而上學》（*Metaphysics of Natural Complexes*）中說，「都是自然的複合物。」他表示，沒有一件事物是「比其他事物更『真實』、更『自然』、更『純正』或更『根本』。」所有我們以某種方式形成觀念、說明與描繪的事物——不論它是被看作人類想像力的產物，或是一個實在自然的物體，在其單一的狀況中都是個自然的複合物，與其他自然的複合物共同享有平等的立足點。不論你談的是個夸克、空間，或反物質的獨角獸、噴火龍，或交響樂曲，這些都是自然的複合物，每一個都有其獨特的原始狀態、自己的輪廓，以及不同的功能、屬性和力量，使它與其他事物在某方面有某種程度的區別。布赫勒爾的用詞——「自然的複合物」，意在取代「事物」（thing）或「本質」（entity）的模糊概念，「事物」和「本質」一向都只與「物質的」實體有關係。儘管布赫勒爾認為，沒有一個自然的複合物比其他的更真實或更不真實，我想他要是花時間指出「真實」也有不同種類——如實質上的真實、想像的真實、精神上的真實、道德的真實、難以形容的真實，他的立論會更堅定。所有這些種類本身都是自然的複合物，並以某種方法彼此告知、記述與相互關聯。

當布赫勒爾說，每件事物都是一個自然的複合物時，他指的真的是每件事物：「關係、結構、過程、社會、個人、人類產物、身體、詞彙和交談的主體、想法、性質、矛盾、意義、可能性、神話、法律、義務、感覺、幻覺、推論、夢想——全都是自然的複合物。」這並非意味在區別與探索實體宇宙時，所有自然的複合物都有平等的用途或價值，但它確實意味著在所有情況下，沒有所謂的不可再被消滅的單體——在天上、天下與天空中的每一個自然的複合物，都是由各式各樣兼具區別性與動態的特性與功能所構成。以這個原理去仔細審視，即使所謂的紘理論宇宙論者的終極實體，也是難以理解的單一的複合物，並與那些賦予它獨特完整性的特徵、屬性與力量糾結在一起，而這個獨特的完整性，並不比我們稱之為宇宙的自然複合物更單純或不可再被消滅。

與紘理論家看法相反的，是半島州立大學的宇宙論者李・斯莫林（Lee Smolin），他主張，我們所居住的宇宙遠非由固定與不變的單體所組成，它有「如此多的變化，因此沒有兩位觀察家會經驗到同樣的事，亦沒有任何一刻是重複的。」布赫勒爾會同意斯莫林的地方在於，「對於絕對的古老追求」，那個「最終目的地」的古老信念，是「沉重的」，而且「讓我們頹喪得已經夠久的了。」

布赫勒爾對形而上學的新穎研討方式，似乎預告了斯莫林稱之為「對知識新的追求之輕」。他說，這個追求奠基於一套基礎哲理，即斷言「宇宙是關係的網絡；那些一度被視為絕對的事物總是會發生演化與再次交涉；關於這個世界完全的真理，無法以任何單一的觀點領會，而是存在於數個或多個不同觀點的總和之中。」這也說明了宇宙「永遠誕生著新事物」的這個事實。

你可以和斯莫林、布赫勒爾或格利尼持不同的看法，但在接受是什麼使宇宙變成它現在的樣子這些根本上不同的觀點時，現在的你可能更能以較有成果的方式處理以下這些問題：何謂單體？何謂絕對？何謂根本？哪一種宇宙理論最能統一我們手上所有的證據？哪一種理論最能幫助我們想像出關於宇宙是什麼以及可能變成什麼——包括我是誰與可能變成什麼——的新可能與或然性？哪種宇宙真的比較優雅——是不可再被簡化的單體嗎？還是永遠在改變的複合物？

探究的心想要知道

即使科學成功地統一了其領域中的理論，這真的會成為統一所有知識的終極基礎，像是「最終的安息地」一樣嗎？

我們經常忽略了科學知識也有許多種類，而在科學知識之外還有許多種類的知識，就如除了科學探究之外，還有合理和豐富的探究一般，包括宗教上的探究、心理學的探究、美學上的探究、人道的探究與哲學上的探究等——這些探索領域之間並沒有井然有序的分隔；況且，沒有唯一的科學探究方式這種事。確切地說，科學探究有許多版本和種類，如同其他所有的探究形式。

基於對這一點的認知，小藍得爾問道：「有一個我們的人文、科學與人性可茲貢獻的共同的探究事業嗎？我們找到它了嗎？」他自己的答案是：「在我們提出問題，以尋求一個首尾連貫、適切的世界觀時，不論我們的專業知識為何，到頭來我們都是人道主義者與哲學家。」

我不是那麼確定，我們每個人都可能試圖尋求一個「首尾連貫、適切的」世界觀，所以「我們都是人道主義者與哲學家」這樣的看法。一個追求權力的狂人可能操縱問題，以促進一個「首尾連貫、適切的」世界觀，來毀滅某種種族或少數族群；一位宣揚世界末日的大師，可能只會問某些特定問題，導引出嘲笑「適切的、首尾連貫的」末世學哲理的答案，以說服追隨者集體自殺。這些人可不是哲學家也不是人道主義者。

顯然，許多類型的世界觀對其倡議者而言，可能都是「首尾連貫的、適切的」——但這類觀點在最好的情況可能也只是非救贖性的，最糟的情況則是不人道的。

我們應該致力於何種世界觀呢？

法國小說家、評論家暨論述家紀德（André Gide）指出，任何一種世界觀的價值，不僅在於其適切性與首尾的連貫性，「還有，最重要的……它帶給心靈發現新事物與新證據的動力……，打開新的視野，並打破它的藩籬……它所製造的武器。」而殘忍、偏執的世界觀則不容許有這種結果。

第五章

為什麼要問為什麼？

？

——無名氏

？

長久以來，問題在我們手上飽受煎熬。許多人不只是害怕問題，更確切地來說，我們似乎對問題的力量與潛力只有非常淺薄的概念，就連如何去使用它，也沒有什麼概念。

思考一下：玻璃杯是半空還是半滿的？

這個問題好像有點問題，它似乎只有兩種可能性的答案。它的問題反映出整體社會的問題，我們常被灌輸成「非此即彼」的思考方式。那個人是好還是壞？那個小孩是有天分還是沒有？我們許多人從沒有想過，一個小孩可能在某些方面天賦異稟，但在其他部分就不是如此了；一個人可以在許多方面很善良，但在其他方面卻很邪惡。

我們需要開始質問：這真的是問問題最好的方式嗎？或者，有沒有沒有其他方式可能引導出更豐富的答案？

我們需要新一代的哲學家來改造這些老問題，如此一來，就如英國哲學家暨古典學者賴爾（Gilbert Ryle）所說的，這些問題將「提供一種不同的空氣給人類呼吸」。

在舊金山凱撒．恰維茲小學，有一次哲學家俱樂部聚會的時候，我請參與的同伴提供點子以找到一個問題進行討論。他們想到了一堆前途非常看好的候選問題：有好的謊言嗎？何謂年紀？何謂寬容？這些小孩非常喜歡提供問題。

然後，拉菲說：「我們可以一直輪流問問題，單是這樣，我們就可以學到許多東西。」他是對的。

珍妮佛接著問：「什麼是問題？」

了不起的問題！這是哲學上值得開發的東西。

「問題就是某些你想試著回答的東西。」俱樂部的夥伴派樂回答。

「我們幹麼要問問題？」我問。

「因為我們感到疑惑。」威爾森說。

「因為好奇。」阿圖羅說。

「因為我們發現自己不瞭解的事。」埃度羅度說。

「沒有問題的人生會怎樣？」我問。

「無聊。」艾斯特芬尼亞說。

「什麼也沒有。」珍妮佛說。

「不可能。」拉菲說。

這些答案讓羅莎看起來很困惑。「你對他們說的有什麼看法？」我問她。

「呃，他們可能是對的，」她說，即便表情有些不以為然，她接著說：「但有句諺語『好奇殺死一隻貓』又怎麼說呢？」

「我們有可能會太過好奇嗎？」我大聲地問道。

過於好奇？

在等候有人回應這個問題時，我自己思考著，在某種情況下，我們是不是有可能太過好奇，雖然我並不以為然。歷年來，許多思想家都談論到這個問題——為我們的求知欲設限是不是比較聰明或至少是比較謹慎的做法呢？當代論述家暨文學評論家喬治・斯坦納（George Steiner）在《藍鬍子的城堡中》（*In Bluebeard's Castle*）中寫道，我們的文明「顯然仍同意不去忍受思考的風險，而非削減思考的風險。」儘管斯坦納懷疑，我們這些人不斷詢問的天性，可能會導致我們集體滅亡，我們會以各種不同的方式持續探問下去，卻讓他印象深刻。「為了能夠正視自我毀滅的可能性，竭力使人理解與未知的爭論，是一件了不起的事。」

斯坦納相信，有些形式的探問（雖然他沒有說是哪些）有利於許多方面，讓我們能「把焦點對準在某些困惑的事情上」。他還說，「希望就在於些許的練習。」我雖然同意把焦點對準在困惑的事情上，但我並不認為這樣就夠了，一旦找出焦點，我們就該好好決定下一步要做什麼。

宛如在蘇格拉底時期的雅典，我們發現如今自己身處在古希臘學家德持所形容的一個「偉大的理性主義時代之中，科學明顯地進步，超越以前所能想像的，而人類面對的展望則是一個較其已知都更為開放的社會。」然而，就像古希臘一樣，我們今日正經歷著「對那個展望明顯的畏縮的徵兆。」或許，如同德持所相信的，檢視人類天性的人所能做到的只是「提醒他的讀者，以前曾經有個文明的民族趕上了這股熱潮——他騎著馬，但拒絕跳過去。」對德持來說，如果我們這次希望能夠向前跳躍，首先我們就必須檢視古雅典人所遺留下來的東西，並發現下面這些問題的答案：「是馬還是騎士拒絕跳過去？」他的直覺告訴他「是馬——換言之，就是人類天性中那些非理性的因素，這些因素在我們缺乏知識的情況下，左右了我們大部分的行為與思考。」

今日社會沿著一條與古雅典人非常相似的路前進，我們似乎瀕臨相同的危機，我們若不跳過去，就是往後退。與斯坦納如出一轍，德持似乎也認為，我們有理由希望這次會進展得比較好。

整體而言，我們似乎可以運用比較多的方法，去探測我們的天性，控制且克服非理性的那一面。德持推論，這方面我們的能力提升了，「似乎更有希望的是，如果我們能更有智慧地運用它，終將更瞭解我們的馬；比較理解牠之後，我們就能藉由更好的訓練來克服對它的恐懼：一旦克服恐懼，有朝一日，馬與騎士將能做出決定性的跳躍，成功地完成這一跳。」

想當然耳，我認為能夠讓我們完成這個目標，最有效的方式就是蘇式問答法。它讓我們更能專注於問題的所在，然後解決難題。可以確定的是，這不是一次就能解決的事，因為新的難題總是會出現，但蘇式問答法會讓我們更聰明，同時更有同感與洞察力——不過，蘇格拉底可能會說，會更有道德。

我認為，在陳述我們在困局中所面對的挑戰時，當代哲學家中沒有人比蘇珊・朗格（Suzanne Langer）更有洞見與口才。她長期在康乃迪克大學擔任哲學教授，她發展出一套基本的符號理論，試圖解釋藝術的意義與辨識的意涵。在《哲學的描摹》（*Philosophical Sketches*）中，她寫道：

> 回復本世代人類顯然已經失去的心理平衡時，問題不在精神病學、宗教或教育學上，而是在哲學上……今日我們需要的是……一代精力旺盛的思想家，熱切地投入哲學……準備好去學習任何可能有用的特殊技巧或知識——如科學家一般接受完整的訓

練，絕不逃避無聊的主題或逐步的程序，這些人將可處理駭人的問題，並與所有會攪亂我們思想與人生的錯誤觀念與困惑人心的傳統搏鬥。

簡言之，我們需要新一代的哲學家沉浸在蘇式問答法與其精神之中，但我不理解，朗格為什麼把這些丟給哲學家去處理的問題稱為「駭人的」難題，我不認為根據事實本身的問題會是駭人的。有一次，我在日報上看到一則消息，說有一個很愛家並育有五個孩子的男子，洗車時被剛加入幫派的小混混給殺了。記者寫道，那個人的小孩現在還在問：「『我爸爸是個好人，為什麼他們要殺了他？』以及『我爸爸現在在哪裡？』如此駭人的問題。」

這場悲劇本身很駭人，但問題卻不那麼駭人，所以，我認為哲學家也要「與錯誤的觀點搏鬥」，因為錯誤的觀點會讓我們把那些主張要以有意義的方式加以討論的重要問題，誤以為是「駭人的」。

「我們有可能太過好奇嗎？」我再次問哲學家俱樂部的夥伴。當我看著他們年輕充滿智慧、好奇的臉龐，心裡想著，我正在與有一天歷史學家會寫下他們輝煌事蹟的新一代哲學探問者交談。發展的時機已經成熟了，如朗格所指的，「偉大的哲學時代」總是跟著「快速的文化成長期或新奇的體驗階段」來臨，而我們正深刻地體驗這兩個時期。儘管有眾多反面的證據，我和朗格都相信，某種好的方法可能普及，而新一代的哲學家將會「擴展」人類的心靈，並提供我們「或多或少對這個世界普遍的重新定位」，一個我們「對自然與彼此感受」的「新發展」。

我們有可能過於好奇嗎？

「也許我們不用去回答這一個問題，」哲學家俱樂部的卡門在仔細思考我的問題後，終於做出回應，不過她又很快地補充：「可是我沒辦法，如果有人問我問題，或者我想到一個問題，我就會想要去找出答案。我太好奇了！」

充滿好奇。

我又想起蘇格拉底。在柏拉圖的《辯護錄》中，蘇格拉底對起訴他的人說：「我想要做的只是說服你們這些年輕人和年長者，讓你們開始注意去提升自己的靈魂……」

蘇格拉底這麼熱愛問題，以至於他寧死也不要過著無法問問題的生活。他知道問題的可能性，也知道問題如它所允諾地一樣擁有許多危險。他知道，在錯誤的那一面，它可能會導致滅亡；而在正確的那一面，它可能是一種救贖，但他知道這事沒有任何保證，即便是意圖最好的探問，都有可能會有出人意料的結果——也許是美妙的，也許是悲慘的，也可能兩者兼具。

蘇格拉底知道，最大的危險是試圖要去免除所有的問題。起訴他的官員覺得，他問問題的方式具有破壞性。他們是對的，如果他們允許自己用問題來鞭策自己，他們的生活將會有劇烈的變動，他們的文明可能會發生更有救贖性和豐富性的轉變，而非直接造成文明的衰退。

迫害蘇格拉底的人所喜好的問題是，他們已擁有權威性答案的那一種問題。他們自己騙自己，以為他們知道真理，而且不準備讓別人破壞他們全知的形象。蘇格拉底清楚地表示，他們這種「國王新衣」式的智慧，薄弱地不堪一擊。與這些虛假的先知不同，他無法在沒有和平的時候還大喊著：「和平！和平！」

太好奇？

蘇格拉底不是只為了探問而探問，他是出於堅信而探問，為了人類的至善而探問。他被視為異端、破除迷信以及顛覆政府的大壞蛋，而他確實是這種人。一如他被指控的，但願我們都能分享且承擔他的罪惡。

弗爾謝尼說，正因為蘇格拉底為卓越而努力——這是他「出眾的人品與洞察力」，他「無力面對他人的無知與錯誤，因此倒下。」

「若真是如此，」他寫道，「那麼智慧與德行所帶來的是悲慘的部分，因為蘇格拉底的命運顯示，一個卓越的人在我們所創造的世界中必定無處可歸，而且必定喪生於那些雖然拙劣卻主導讓這個世界對我們有害的人手中。」

尋找無知

「人是否有無知的權利？」

一個歪斜地坐在沙發上的人問了這個問題，那張沙發的狀況已不復往昔。當我想要從一張失去平衡的椅子上找回重心時，這個問題朝著我飄來。問問題的是約翰，他那一頭又長又捲的紅髮，梳子似乎梳不動，蒼白橢圓的臉上遍布著雀斑，漆黑的雙瞳相當明顯。他的脖子上戴著厚厚的皮釘領圈，就是這些年我常在許多牛頭犬脖子上看到的那一種。

我在北加州社區大學中一間寬敞咖啡店裡的一個半開放式房間，進行首次的蘇格拉底咖啡館。我早到了，每次在新的地方舉行蘇格拉底咖啡館，我都會提早一點到，因為我總是擔心我會因為迷路而遲到。當我到達這裡時，我看到幾個人已經先到了。咖啡店沒有給我凳子，我只能坐在一張有點不太平衡的導演椅上，當我盡力地讓自己舒服地坐在椅子上時，也勇敢地對這些陌生的夥伴微笑，而這張椅子卻不穩地歪向右邊。

討論的時間還沒有到，但我無法對他們說：「十分鐘後蘇格拉底咖啡館正式開始時，我們再來討論你的問題。」可能因為某種原因，我覺得這樣很愚蠢，況且現在已經有十二個人來了，他們好像都對約翰的問題很感興趣。

事實上，在我有機會回答時，有一位聲音和她嬌小的身材不太搭調的女人，嘩啦嘩啦地大聲說：「我不認為我們有無知的權利，我想我們有責任不斷地教育自己，讓自己的愚昧減少一點。」

然後，另一位小學女實習老師說：「這個嘛，雖然我滿希望我們沒有權利無知，但我認為我們有權如此。在獨立宣言、憲法或人權法案中，我沒有看到有任何一句話說，『你不應該無知。』不過，既然談到這裡，我想在我們這樣一個民主社會，為了完全地參與其中，我們應該都會感受到自己有義務愈來愈不無知。這意味著，至少對我來說，就像她說的，我們必須不斷地教育自己。」

「我喜歡看到小孩發現學習的快樂，並且因此少了一點無知時，他們睜大眼睛的豐富表情，」一位在該校職員與學生托育中心兼職的女學生說：「可見他們還保有他們的純真。教育是一個讓我們少一點愚昧的過程，不過，也不需要讓我們這麼疲憊不堪；事實上，它可以激發我們更多的好奇心。我認為，好奇就是一種純真。」

「所有的教育都是讓人減少無知的過程嗎？」我問她。「舉例來說，你可能會被『教育』成要去相信白種人比較優越；或你可能會被『教育』成，認為只有信奉某種信仰的人才能上天堂——而這類的『教育』只不過是培養且助長愚昧罷了。」

那位老師想了一下才回答說：「確實如此。我想我必須修正我說過的話、我應該說，最好的教育情況是讓我們減少無知；而最糟的狀況是，教育扭曲了教育應有的原貌，並且事實上讓你『少受教育』，這與讓你『更愚昧一點』是同樣的事情。我想，最糟的教育一點也不是教育，而是『教化』或『洗腦』。」

「所以，教育人類使他們更能敞開心靈，終生成為富有批判性的思考者，就不是一種教化囉？」我問。

「是教化，」一個中年男子說道。在進一步說明前他告訴我們，他第一次到這個學校，在脫離學校三十年後，他想修一些社會學的課。當他走回停車場時，剛好在我們討論開始時經過這間咖啡屋。「這是一種好教化，因為它讓你瞭解所有的知識領域中，都沒有所謂的答案，它讓你瞭解，你永遠都比自己所知道得更無知。藉由除去你對此事的天真，鼓勵你一輩子都要不斷地學習。」

「無知和天真有什麼差異？」我問這群人。

「你可以既天真又無知。事實上，我想它們關係很親近——但卻不是同一件事，」一個身體孱弱的男子說。他有雙小小的藍色眼睛，鬍子遮掉大半個臉。一輩子自學自修之後，這個學期他剛註冊上大學。「我覺得對某些事無知是好的，」他說，「我這輩子冒了很多險。當我回顧以往自己所做的決定，我發現，如果當時我瞭解現在所知道的事情，可能就永遠沒有勇氣冒險去做那些事，但也因為這樣，我才能到世界各地去旅行，過著刺激的生活，所以，有時候天真和無知也很好。」

「我想你對無知和天真的概念有點混淆了，」另一位參與者對他說，「你冒的那些險並非無知，因為你並沒有故意不去看那些三思而後所知道的事情，不過對可能存在的危機，你還是有點天真，因此你選擇無知，雖然你的本性天真。而天真是無法選擇的，就好比說，直到經歷失去摯愛的人的痛苦，你對於這項經驗都是很天真的；但是如果有人試圖解釋這種悲痛，而你卻自我封閉不願接納別人的意見，那麼你就是故意選擇無知。」

「我認為沒有人會選擇無知，」坐在年輕老師旁邊的老婦人說道。「我想，渴望瞭解每件事是我們的本性，因為知識是一件好事。」

「我不這麼認為，」一個自稱是歷史教授的男子說。「我不認為每個人都有學習的欲望。有些文化似乎沐浴在它們的天真之中，許多西方學者認為，這種天真是一種很棒的事情。比方說，盧梭就讚美與浪漫化這些原始文化的純真，不過，如果這些文化國度對征服它們的國家不要那麼天真，他們今日也許就不會活在被剝削的悲慘狀態下了。許多這些文化似乎想要對這類的事『保持隱祕』。」

「不過，話雖如此，」他說下去，「我並不認為所有的知識都是好的，有時無知反而是一件好事。」他停了一下，彷彿在想他是否該解釋一下，然後，他皺著眉頭說：「我從沒告訴我媽，我老爸也就是她老公已經過世了。我老爸已經走了好幾個月，而我媽則日益衰老，她完全不曉得，我覺得她還是不要知道比較好。」

大家沉默好一陣子，似乎沒有人知道該如何接下去。

「我想，當人們知道某些事情，但還是做出愚蠢的行為時，那甚至又更糟糕，」約翰終於開口說道。「例如，一個種族歧視者一直歧視別的種族，他也知道自己為何如此歧視其他種族——甚至知道種族歧視是不合邏輯的，因為他也非常清楚人類的基因有百分之九十九點九相同，這樣比單純只是無知而有種族歧視的人還要可怕。」

「我們好像在區分有意與無意的無知，就像之前有人說的『故意行為』，」一位被約翰擠到只有一個小位置的學生說道，他和伸展著四肢的約翰坐在同一張沙發上，「看來在生活中的各個層，我們可能對很多事情都很無知。為了甲，我們必須假裝沒有看到乙、丙、丁……」

「你說得很對！」一個靠在遠遠牆角邊的男子說道。他走向這群人，告訴大家，他是學生會長。「事實上，」他接著說，「如果我想去做所有我想做的事情，我可能永遠也完成不了什麼事情，因為我太為難自己了。所以，我們最好瞭解自己的無知，但不要永遠像現在這麼無知。」

「我認為這就是蘇格拉底的哲學，」歷史教授說。「我之所以認為他是歷史上最有智慧的人，就是因為他瞭解自己有多無知。每次他詢問詭辯學家，儘管他說自己是在他們身上尋找知識，但實際上他卻找出他們的無知——因為每一次，那些詭辯學家完全不知道他們宣稱自己懂的那些事情，所以，蘇格拉底認為，他們幾乎沒有什麼知識可言，有的只是無數的無知。」

然後，他看了我好長一段時間，令人不太舒服。最後，帶著一抹詭異的微笑說：「我想你正在尋找無知，就像蘇格拉底一樣。」

蘇氏敏銳

我們的對談該結束了，所以最後這個評論並沒有受到挑戰，不過，對談結束後，這段話還是跟了我許久。這些年來，我聽過許多人說出類似這位歷史教授說的話——也就是蘇格拉底在尋找無知，因為他宣稱自己並不是權威地對每個事情都瞭解，但我並不認為如此。聲稱自己知道某件事和聲稱自己對某件事情非常權威，其間有很大的差異，蘇格拉底屬於前者，他從來沒有做出「我知道是因為我不知道」。我想，他認為這種說法充其量只是一種狡猾的行為。蘇格拉底熱中於矢志發現如何才能成為一個優秀的人，而他確實以特別的方式或方法，慢慢地教導人們如何才能成為更有德行的人。從休謨、笛卡兒、維根斯坦到羅素，許多哲學家都採取這種「懷疑的態度」——我所稱之為「蘇氏敏銳」，作為自己的起點，進而從生活中最令人厭煩的難題中獲得領悟，而這種感受力向來與偉大哲學家所做的最仔細、最有見識的分析，關係密切。

所有吸收這個敏銳性的人都不願接受結論，除非他們非常確信自己的立場。一位禪師可能會告誡你：「不要想：觀照！」因為當你在思考時，你會想要瞭解，而非讓自己直接去體驗，但蘇格拉底卻會告誡你：「觀看，並且思考，然後再多看一下，多想一下，永遠不要停止觀看或思考。」他認為思考是觀看的一種形式，一種直接體驗的形式，如果你只觀看而不思考，那你可能會故意無知，這是一種盲目，但如果你觀看並且思考，同時聆聽別人對觀察與思考的看法，那你仍然會無知，但卻不那麼無知。你將沿著蘇格拉底式教化之路，逐步向前進。

藉此方式慢慢地向前進，藉由探索、尋找真理，你會愈來愈不那麼無知。你會得到某種稱為智慧的東西——「蘇氏智慧」，也就是：你將更能決定你真的知道什麼——可以經過嚴格的檢測——還有你不知道什麼。你會知道你對事物的瞭解程度，卻可藉此刺激你不斷地向外探尋。發現自己的無知之後，對蘇格拉底來說，「發現無知只是哲學任務的開端」而不是結束；發現自己的無知之後，接著就能「開始去克服廣受一般人接納，卻又遮蔽人類真實天性的假說。」蘇格拉底為了向雅典人證明他們對勇敢、公平、善良、道德的看法有多麼混淆不清，因而遭受許多雅典人辱罵。他們憎恨他堅持要批判性地分析那些議題的真正意義，並判定其真理的真實程度，不過，反省式的檢驗，能讓我們知道一些源自不正確知識的謬誤，而其部分是源自錯誤的推論，以及草率地使用語言。

時至今日，蘇格拉底的楷模，仍然不斷教導我們要如何擴展自己的智力與想像的領域。他嚴厲地批判那些要別人幫他們思考事情的人，他認為自己的角色類似助產士，他幫助別人提出自己的想法，並啟發他們的可能，以選擇他們自己特定的信仰生活。

真正的教導

首要的一點，蘇格拉底傳承給我們的想法是，我們必須願意讓我們的信念面對來自外在與內在，一次又一次徹底且持續地衝擊。蘇格拉底從事的是佛爾謝尼形容的「真正的教導」，其中心想法是「質疑公認的意見，檢驗信念，反駁教條，考驗知識，以及控訴無知。」

確實，發現自以為知道的事大多建立在不穩定的基礎上，會令人感到挫折，不過，就像蘇格拉底在柏拉圖的《泰提特斯篇》中所稱：「如果你一再構思……你萌芽的想法應會因為這番仔細審查而變得更好……」在柏拉圖的《米諾》（*Meno*）中，蘇格拉底首先盤問一位年輕的奴隸，讓他瞭解自己並不知道他自以為知道的事。蘇格拉底這麼做並不是為了讓這個男孩看起來很愚蠢。相反地，蘇格拉底自己在《米諾》中解釋：「讓他困惑、震驚，並不會對他造成傷害……反而幫助他尋找到真理，他現在會很高興地去尋找，去觀察……但是，直到他能意識到自己實際上並不知道，而對知識有所渴求之前，在他以為自己知道其實並不知道的事時，你認為他會試著去尋找並獲得知識嗎？……如今因為他迷失了，他就會發現某些事情，並與我一起尋找……」

「Sed omnia praeclara tam difficilia quam rara sunt.」史賓諾沙在《倫理學》（*Ethics*）的結尾如此寫道：「每件優秀的事物都是稀有而困難的。」然而，我們今日對「優秀」的看法，似乎常把它和富裕的物質聯在一起。只是對精明有錢的投資人而言，要在經濟繁榮的時候賺到更多錢，並不會太困難，也不是罕見的事。對今日的哲學詭辯家，就如同蘇格拉底那個時代，只要替有錢人「建議」他們所設定的目標，然後完成它，你就很「優秀」，而這並不困難也不少見。他們不惜任何代價地迴避蘇格拉底的觀點，即「美德並非來自於財富，但……財富以及每一件人類擁有的好事……都源自美德。」

在旅途中，我曾經遇到少數幾個學術哲學家，他們與自己的「顧客」進行哲學思考，並收取昂貴的時薪。他們因為我不以牟利為目的地與一般民眾進行哲學思考，而倍感威脅。他們對我和很多從未在大學上過哲學課的人，利用蘇式問答法進行哲學討論，深感不滿。他們要所有「公眾哲學家」擁有哲學研究所學位，並「證明合格」；為了檢定如此的資格，他們收取相當可觀的費用。對他們來說，一般大眾只能與專家進行哲學思考，最重要的是，要付出代價。

我曾遇到一些人，他們和古代收費的詭辯家一樣，費盡苦心地貶抑蘇格拉底。他們主張，如果蘇格拉底沒有從哲學思考中賺到錢，那他一定本來就很有錢，要不然就是他的朋友很富有，可以資助他——這是個典型的詭辯。你會輕易地說，只有有錢人和他的小團體才能夠不去理會純賺錢的活動；但對許多人這可能是莫大的侮辱，因為他們拒絕報償以獻身於更高的理想，而柏拉圖的《辯護錄》也清楚地表示，為了維持純正的想法，蘇格拉底願意過著極為貧困的生活。

蘇格拉底一生都在追求一種金錢無法買到的優秀。對於現今那些可能受到他的啟發而成為他的贊助者的有錢人，我想他可能會問：我們有可能想像一個貧富差距不像現在這麼大的社會嗎？對人類同胞的福祉是否有責任？賺錢的方式比較重要，還是成功地賺很多錢這件事比較重要？何謂「成功」？如果你的公司因為破壞環境與剝削勞工而致富，你是不是仍覺得它很「傑出」？

傑出的人類

對蘇格拉底來說，一個傑出的人會致力於獲得某些德行，如自制、勇氣與智慧。為什麼呢？因為獲得這些德行可以創造出一種不同的財富——同理心、想像的願景以及自我發現。

「蘇氏德行」暗喻的告誡是：只有努力使人類都致力於成為傑出的人，你才能成為傑出的人。要接納這個告誡，需要社會意識兼具想像的願景，而這一直都很困難且罕見。

在《辯護錄》中，蘇格拉底的命運懸而未決，他對雅典的同胞說了以下這些話：

> 只要我一息尚存，還有力氣繼續活著，我就不會停止哲學的思考，我不會停止以我慣用的方式告誡你們與任何我偶然遇到的人：令人敬重的同胞，雅典的市民，這是全世界最偉大的城市，智識與力量都如此傑出，當你們如此致力於賺大錢，提升名聲與威望，卻如此不在意真理、智慧與靈魂的提升，難道不會感到羞愧嗎？

對蘇格拉底而言，一個人「不管做什麼，都應考量其所做的事，是對還是錯——是以好人或壞人那部分行動。」

柏拉圖《斐多》的結尾，是一段描繪蘇格拉底面對人生最後一刻的感人對話。他最親近的朋友到監獄探視他，在他喝下毒液前，他們問他，他們要做什麼才是對他「最大的幫忙」。蘇格拉底只有一個請求：他要他們繼續「遵循」藉由許多豐富對話所發現的人生道路，以不虛度此生。

附錄

哲學家彙編

阿那克薩克拉 Anaxagoras（**西元前約五〇〇—四二八年**）：第一位遷徙至雅典的希臘哲學家，也是第一個因異教論和對神不敬而受到正式審判者。阿那克薩克拉認為萬事萬物都是由無數個微小粒子或種子所組成，而且所有事物之中也都有其他各種事物的存在。

漢娜・鄂蘭 Arendt, Hannah（**西元一九〇六年—一九七五年**）：德國籍哲學家，也是本世紀頂尖的政治理論者之一。她在一九三三年逃離納粹的迫害來到法國，隨後在一九四〇年前往美國。鄂蘭相信有意義的行為決定於仔細且慎重的思考，她於一九六三—一九六七年任教於芝加哥大學，接著前去紐約的社會研究新學院教書。其知名著作之一《極權主義的起源》（*The Origins of Totalitarianism*）將極權主義的興起歸因於十九世紀的反猶太主義和帝國主義。

亞里斯多德 Aristotle（**西元前三八四—三二二年**）：柏拉圖的弟子、亞歷山大大帝的教師，也是雅典萊西昂學園（Lyceum）的創始人。亞里斯多德是位擁有廣泛興趣的哲學家，據悉亦是第一位將當時各種學術資料收集起來的人。他提出了科學發展的三個重要功能——定義、歸納、演繹，並將科學分為三個階段——追求真理的理論階段、行為導向的實踐階段，以及以創造為目標的生產階段。

布萊德雷 Bradley, Francis Herbert（**西元一八四六—一九二四年**）：英國理想主義哲學家，他認為語言中所謂的真理，永遠無法完全捕捉到「全面」或「絕對」的事物整體。和其他絕對的理想主義者一樣，布萊德雷認為主體和客體的差異只是形式上的，而且只是思想所造成。

布赫勒 Buchler, Justus（西元一九一五—一九九一年）：自然主義哲學家，他發展出一套突破性的自然綜合體型上學。布赫勒爾在一九三七年進入哥倫比亞大學任教，並在一九六四—一九六七年擔任系主任；他被公認為哥倫比亞著名當代文化計畫的精神與智慧領袖，其後，他還在紐約州立大學開辦哲學展望的研究所課程。

克里佛 Clifford, William Kingdon（西元一八四五—一八七九年）：英國數學家暨科學的哲學家。克里佛寫過關於知識、倫理和信仰等的論文深受好評，且致力以最新的科學發現來解說生命。

德謨克利特 Democritus of Abdera（西元前四六〇—三七〇年）：德謨克利特與其導師留基波斯（Leucippus）為原子論的先驅，他和蘇格拉底及柏拉圖生活在同一個年代，較前者年輕、較後者年長。他相信沒有任何設計和目的的機械性宇宙，且和留基波斯一樣認為，所有實體物質都是由眾多微粒所組成，這些微粒結合時大小不一，但在本質上均無不同。

笛卡兒 Descartes, René（西元一五九六—一六五〇年）：法國數學家，被公認為現代哲學之父。笛卡兒嘗試以數學的確定性和自明驗證來延伸數學方法，以取得關於世界的絕對知識。他以普遍懷疑論為立足點展開探索，他宣稱存在懷疑陰影背後的唯一事物就是他自己的思想，由是提出其名言「我思，故我在」。這個第一人稱的論述便是其知識理論的基礎，並且引導其追隨者建構出著名的笛卡兒身心二元論，主張心靈和物質是兩個完全獨立又相互作用的物體。

杜威 Dewey, John（**西元一八五九—一九五二年**）：美國頂尖哲學家、政治理論家、教育家及社會改革者。在整個生涯中，杜威均強調質問在獲取知識上的極致重要性，然而，他同時也堅稱其西方哲學祖師出了錯，因為他們主要都專注在抽象、超越物質、先驗的知識系統——也就是形上學——以及質問的方法。對杜威而言，質問是自我矯正的過程，是在特定的歷史、文化或「實際」情境與背景下進行，而所得到的知識仍可能再進一步修改、琢磨和演化。

艾彼科蒂塔斯 Epictetus（**西元約五〇—一三八年**）：斯多葛學派道德哲學家，在從奴役中獲得釋放後建立了一所哲學學校。艾彼科蒂塔斯認為，哲學的目的並不是要獲得大眾的盛讚，而是要使自己成為更好的世界公民。

傅柯 Foucault, Michel（**西元一九二六—一九八四年**）：法國哲學家暨社會評論家，他為了找出進入知識歷史的途徑而創造了「知識考古學」。傅柯尋求研究並根除支持特定常規、制度和理論的暗涵知識與思想體系。

吉爾松 Gilson, Etienne（**西元一八八四—一九七八年**）：法國天主教哲學家、中世紀的歷史學家，也是激進的神學家。他嘗試要復甦阿奎奈（Thomas Aquinas）對生命中本質和存在的區別，並主張各種形式生命存在的首要地位。

黑格爾 Hegel, Georg Wilhelm Friedrich（**西元一七七〇—一八三一年**）：德國哲學家，其形上學體系仍持續在哲學界有著重大影響。對黑格爾而言，哲學的論題便是視真實為一個整體，也就是他所指稱的「絕對」。大部分的黑格爾派學者，將其形上學體系描述為正題、反題與合題辯證體制。他的體系規畫出世界歷史與邁向更高層合題的概念發展進程，這種概念能引導達到「絕對」的心與靈。

海德格 Heidegger, Martin（**西元一八八九－一九七六年**）：德國哲學家暨現代化與民主的評論者。海德格努力想瞭解生命的本質，尤其是關於人類行為及與世界的關係。

赫拉克利特斯 Heraclitus（**西元前約五〇〇年**）：蘇格拉底前的希臘哲學家，其哲學觀點僅有斷簡殘篇留存下來，後世作家常以格言形式引述其話語或歸功於斯。這些格言強調的都是世界變遷的整體性，赫拉克利特斯顯然相信火是自然物質的來源，而且認為世界是被標誌語句所統治。

霍布斯 Hobbes, Thomas（**西元一五八八－一六七九年**）：現代政治哲學的創始人之一。霍布斯嘗試要使政治科學化，以期消弭政治的紛亂。在其重大著作《利維坦》（*Leviathan*）中，霍布斯批評英國國教，並主張信仰不受國家與教會權威所控制；而他也發展出「自然平等哲學」（philosophy of natural equality），在此理論中他主張所有人在身體和心智上皆生而平等。

休謨 Hume, David（**西元一七一一－一七七六年**）：蘇格蘭歷史學家暨隨筆作家，也是主要的經驗主義哲學家。休謨是啟蒙時代的中心人物，以其反上帝存在證據的辯論著稱。在其著作《人性論》（*Treatise of Human Nature*）中，休謨嘗試以內省和觀察的方式研究人類心智，以說明知識和信仰、道德倫理，以及愛恨善惡等「情欲」。他辯稱沒有所謂與生俱來的先驗原則，而是需由真實事件中獲取經驗。

威廉・詹姆斯 James, William（西元一八四二—一九一〇年）：美國哲學家、心理學家、哈佛大學教授以及實用主義的推廣者。詹姆斯擴展了實用主義的應用領域，超越了原創者皮爾斯所提出的理論；詹姆斯藉此發展出一套關於真實的論述，並嘗試調和科學與價值間表面的衝突。對詹姆斯而言，一個概念的真實性是由其社會或道德效用，以及意義或倫理結果所決定。

康德 Kant, Immanuel（西元一七二四—一八〇四年）：德國哲學家，其具影響力的「批判哲學」主張概念不一定與外在世界一致，但對世界的認知唯有其與人類心智結構一致才能獲取。在其著名的定然律令（categorical imperative）中，康德以道德代言人的身分告誡世人，要以行為本身的普遍原則行事——亦即將此行為作為通用的自然法則來進行——而不帶有任何欲取得回饋的目的。康德認為品德端正的人士必須相信上帝、自由以及道德倫理，儘管這個信念並無有力的科學或形上學基礎可茲證明。康德廣泛建構的知識、美學和倫理理論，對其後幾乎所有的哲學理論均有所影響。

華特・考夫曼 Kaufmann, Walter（西元一九二一—一九八〇年）：德國籍哲學教授，於一九四七年開始在普林斯頓大學任教，直至過世。考夫曼主要因其翻譯眾多尼采作品以及歌德的《浮士德》而聞名，但他也撰寫過許多作品，包括關於存在主義與宗教的書籍。考夫曼也坦率地表示，為蘇格拉底精神逝去以及學院派哲學的「微視主義」（microscopism）感到哀悼。

齊克果 Kierkegaard, Søren（西元一八一三—一八五五年）：丹麥哲學家、神學家暨社會評論者。齊克果是第一位被稱為存在主義者的哲學家。其哲學立場來自對於傳統哲學的膚淺、過度賣弄以及無法切合生活議題的不滿，他不願被貼上標籤，也不願接受任何信仰。

蘇珊・朗格 Langer, Suzanne（**西元一八九五—一九八五年**）：美國哲學家，將人類描述為「象徵性」的生物，並且在象徵主義中找到了哲學的「新調」。朗格研究了象徵符號在藝術作品結構中的「變形」角色，同時也鑽研了邏輯符號、自然科學以及心理分析；此外，朗格也在語言哲學和心智哲學上做出重要的貢獻。

萊布尼茲 Leibniz, Gottfried Wilhelm（**西元一六四六—一七一六年**）：著名的德國理性論哲學家和牛頓同為微積分的發明者，也是現代數學邏輯之祖。根據自身主張理性為闡述基礎的原則，萊布尼茲認為在上帝創造這個世界之前，曾思索過各種可能的世界，因此最後所創造出的世界乃顯現了上帝的計畫，而且是「各種可能的世界中最好的一個」。萊布尼茲相信有充分的理由可以說明為何萬物會存在這個世界中，以及為何這些事物是以這種型態存在。

留基波斯 Leucippus（**西元前第五世紀**）：早期希臘哲學家、德謨克利特的導師、原子論的創始者。原子論主張實體世界是由無數肉眼不可見的微粒所組成，這些微粒在無限的空間中移動，形狀大小均不同，但在本質上則相同。

洛克 Locke, John（**西元一六三二—一七〇四年**）：極具影響力的英國經驗主義創始人。洛克認為沒有所謂的先天概念，人類所有的認知瞭解都是奠基於經驗。他在著作《政府論兩篇》（*Two Treatises of Government*）中提出其政治理論，主張人類是「生而自由、平等且獨立」。洛克相信哲學實際上與科學密不可分，他在《人類理解論》（*Essay Concerning Human Understanding*）中嘗試將知識與十七世紀的最新科學發現加以調和。

奧利里亞斯 Marcus Aurelius（**西元一二一—一八〇年**）：羅馬皇帝暨哲學家，也是斯多葛學派的擁護者，斯多葛學派是一套道德體系，主張道德生活乃是由德行所引導，且必須遵循自然法則。其在著作《沉思錄》（*Meditations*）中思索了生命、死亡、行為以及宇宙，同時也經常強調人類生命的卑微。

梅洛龐蒂 Merleau-Ponty, Maurice（**西元一九〇八—一九六一年**）：法國哲學家，主要致力於「知覺現象學」（phenomenology of perception）——這也是其著作的名稱。得益於經驗心理學和生理學以及海德格等德國哲學家，梅洛龐蒂強調人類存在世界上的經驗乃是必需的，不能與世隔絕。

蒙田 Montaigne, Michel Eyquem De（**西元一五三三—一五九二年**）：法國哲學家暨隨筆作家，人稱法國的蘇格拉底。在其一五八〇年的著作《向雷蒙瑟邦致歉》（*Apology for Raymond Sebond*）中，蒙田為這位西班牙修道士的主張辯護，雷蒙瑟邦認為天主教信仰可以堅定地建立在理性上，而蒙田也採用其理論作為自身懷疑性辯論的跳板。此篇著作使蒙田成為懷疑論和現代歐洲的文化相對論的領導人物，蒙田更因其機智親切同時又尖刻敏銳的文學作品《隨筆集》（*Essais*）而聲名大噪。

恩尼斯・納格 Nagel, Ernest（**西元一九〇一—一九八五年**）：奧匈籍的美國哲學家，因其與科學相關聯的著作而聞名。納格為哥倫比亞大學哲學系一員超過四十年，最終被任命為大學教授——該校最高的職等。他最著名的作品為《科學的架構》（*Structure of Science*），書中論證了所有科學適用的科學論述邏輯。

尼采 Nietzsche, Friedrich Wilhelm（**西元一八四四—一九〇〇年**）：德國古典文獻學者、詩人、社會評論家、哲學家。尼采批評傳統形上學和倫理學，並提倡「超人」理論，聲稱這種「深沉靈性」的人，象徵一種肯定生命的「權力欲望」（will to power）。尼采排斥絕對知識的概念，他相信所有的思想都受到了這種單一觀念的限制，因此，強調所有事物都只是一種闡述，而且所有的知識本質上都只是暫時性的。

皮爾斯 Peirce, Charles Sanders（**西元一八三九—一九一四年**）：美國哲學家暨科學家，他將自己描述為「實驗室哲人」（laboratory philosopher）。皮爾斯因身為實用主義的創始人而知名。他認為信仰是「行為的準則」，主張概念需以務實性評估——亦即其結果，他聲稱這些結果便構成了概念的意義。他也率先針對關係與真理的作用進行了哲學性探索。

柏拉圖 Plato（**西元前約四二八—三四八年**）：雅典哲學家，蘇格拉底的弟子。他的許多論述都以蘇格拉底作為提問人，後者的「問答法」常顯露出許多知名古希臘學者對知識的謬誤論述。柏拉圖是公認哲學對話的創始者和最卓越的執行者。

畢達哥拉斯 Pythagoras（**西元前約五八二—五〇七年**）：哲學家、數學家及智者。畢達哥拉斯是類宗教兄弟會的創始人——該會在一百五十年後的柏拉圖時期仍存在，相信靈魂不滅及輪迴，以及所有生命均有血緣關係。

小藍得爾 Randall, John Herman, Jr.（**西元一八九九—一九八〇年**）：美國自然主義哲學家、哲學與知識傳統歷史學者。小藍得爾被譽為希臘人道主義與基督教倫理的闡述者。身為浸信會牧師之子，小藍得爾在哥倫比亞大學任教逾五十年，他是個坦率的學者暨行動主義者，經常與一般大眾進行哲學質問，他也是極具影響力的自然主義擁護者，該哲學理論將科學方法與哲學結合，認為世界上所有的生命和物體都是天賦的。

盧梭 Rousseau, Jean-Jacques（**西元一七一二—一七七八年**）：瑞士出生的法國思想家，在政治哲學、教育理論和浪漫主義思潮方面都有影響力。盧梭在早期一項著作中辯稱社會是人類惡行的罪犯，但在其重大著作《社會契約論》（*The Social Contract*）中，盧梭著迷於古羅馬共和國的公民概念，主張政府至多僅是其公民對公共利益理性選擇下的展示。

羅素 Russell, Bertrand（**西元一八七二—一九七〇年**）：英國激進政治提倡者暨和平主義者，身為哲學家，其關於邏輯和數學哲理的著作最為著名（他認為所有數學運算均可由邏輯前提所衍生）。羅素的著作影響觸及數個世代的讀者大眾，其著作內容廣泛，包括教育、宗教、科學和歷史，且在一九五〇年獲頒諾貝爾文學獎。他與懷特海（Alfred North Whitehead）合作撰寫的《數學原理》（*Principia Mathematica*）更催化了現代邏輯學的發展。

賴爾 Ryle, Gilbert（**西元一九〇〇—一九七六年**）：英國哲學家暨古典學者，其重大著作《心的概念》（*Concept of Mind*）批評並揭穿了笛卡兒的身心二元論。賴爾和維根斯坦（Wittgenstein）都是二十世紀中期語言哲學的主要哲學家。

桑塔雅納 Santayana, George（**西元一八六三—一九五二年**）：西班牙出生的美國哲學家、詩人、隨筆作家及小說家，在一八八九年進入哈佛任教。身為威廉・詹姆斯和羅伊斯（Josiah Royce）的學生，桑塔雅納認為所有的實在都是意識對外在世界的認知，而且所有對外在世界的信念都奠基於「動物信心」（animal faith）。在其一系列五卷的著作《理性的生命》（*Life of Reason*）中，桑塔雅納將科學、宗教以及藝術結合為一，稱每一項都是象徵主義中單一但同樣有效的形式。

沙特 Sartre, Jean-Paul（**西元一九〇五—一九八〇年**）：知名的存在主義哲學家、小說家、劇作家以及社會評論家。他的哲學研究著重於人類生命的本質以及意識的架構上。沙特主張人類存在的本質在於選擇的能力，並由是推論人類是「注定自由的」（condemned to be free），而不願為自身行為負責的人便是以「壞信念」（bad faith）行事。

叔本華 Schopenhauer, Arthur（**西元一七八八—一八六〇年**）：德國哲學家及散文作家，主張所有的實在本質上都是意志——一個不停歇且無知覺的反抗，透過各種方式來顯現，且必然導向痛苦。他相信不存在會比承受痛苦來得好，且因為此觀點而被稱為悲觀主義者。叔本華未跟隨學術主流進行研究，而是有系統地在其著作《意志和表象的世界》（*The World as Will and Representation*）提出其形上學理論。

蘇格拉底 Socrates（**西元前約四六九—三九九年**）：石匠與助產士之子，柏拉圖的導師。蘇格拉底在七十歲時因無信仰與腐化雅典青年的罪名受審判且治罪。他雖然沒有任何著作，卻被公認為最知名且最具影響力的哲學家。其探索人性良善的典範，以及對「未經檢驗的人生不值得活」的信念仍是許多人的指引。

史賓諾沙 Spinoza, Baruch (or Benedict) De（**西元一六三二—一六七七年**）：荷蘭籍哲學家，因其儉樸和膽識而著稱。在一六五六年，史賓諾沙被以異教徒的身分逐出阿姆斯特丹的猶太人族群一段短暫時間。一六七三年，新教將史賓諾沙治罪並驅逐出教，因其在著作《神學政治論》（*Tractatus Theologico-Politicus*）中擁護寬容和和平。史賓諾沙也反駁了笛卡兒，在其著作《倫理學》（*Ethics*）中發展出一套一元論哲學，聲稱心靈與身體是一體的兩面，而這個一體就稱為上帝或自然。他運用數學系統的演繹推論來呈現其觀點。

泰勒斯 Thales（**西元前約五八五年**）：希臘政治家、幾何學者、天文學家及智者。泰勒斯通常被視為西方第一位哲學家。他居住於小亞細亞的米利都（Miletus），且相信水是世界最基本的元素。

阿奎奈 Thomas Aquinas（**西元一二二五—一二七四年**）：義大利哲學家暨神學家，被公認為煩瑣哲學中最偉大的人物。阿奎奈被許多人視為中世紀時期最具影響力的哲學家。他因調和了亞里斯多德的哲學理論與基督教教義，創造出正統天主教哲學而聲名大噪。

烏納穆諾 Unamuno, Miguel De（西元一八六四－一九三六年）：西班牙作家、文獻學者暨哲學家。他所有的作品幾乎都在探討生與死的意義。烏納穆諾發展出一套「人生的悲觀意識」（tragic sense of life），主張即使我們無法確定自己的生命是否有任何卓越或超脫塵俗的重要性，也要像是有此等重要性一般地過活。

弗拉斯托斯 Vlastos, Gregory（西元一九〇七－一九九一年）：柏克萊和普林斯頓的哲學教授，鑽研蘇格拉底及柏拉圖的著名學者。弗拉斯托斯擁護平等主義學說，認為每個人都有同樣的「個別人性價值」。

伏爾泰 Voltaire（François Marie Arouet）**（西元一六九四－一七七八年）**：法國哲學家、論說文作家、小說家、社會評論家。伏泰爾是位相當投入政治的自由人道主義者，也是啟蒙時代最著名的思想家之一。其經典諷刺文學作品《康第德》（*Candide*）嘲弄了萊布尼茲的觀點，萊布尼茲相信不論一個行為或事件有多麼邪惡，「在這個最好的世界中都是為了達到一個最好的結果」。伏泰爾則認為，我們必須採取具體行動阻止並打擊世間的邪惡，他寫道，「我們必須栽培我們的花園。」

懷特海 Whitehead, Alfred North（西元一八六一－一九四七年）：英國數學家暨哲學家，尋求以現代物理學和邏輯發展出一套有系統的自然形上學。懷特海是羅素（Bertrand Russell）在劍橋的導師，他於一九八四－一九一〇年在劍橋大學三一學院任教，其後於一九二四－一九三七年至哈佛擔任哲學教授。

維根斯坦 Wittgenstein, Ludwig（**西元一八八九—一九五一年**）：奧地利籍哲學家，被公認為二十世紀最具影響力的哲學家。維根斯坦強調學習語言的重要性，其重大著作《邏輯哲學論》（*Tractatus Logico-Philosophicus*）為其有生之年唯一出版的作品，他在書中闡述了其對邏輯和數學基礎的思想，並將之導入多項哲學領域的發展：邏輯實證論、語言分析以及語意學。

贊諾芬 Xenophon（**西元前約四三〇—三五五年**）：希臘將軍、道德家暨歷史學家，他形容蘇格拉底為德行與實用知識的教師，並在其著作中為蘇格拉底受刑的指控辯護。

季諾 Zeno of Elea（**西元前約四七〇年**）：蘇格拉底時期前的哲學家，認為運動、改變和複數在邏輯上都是荒謬的，只有不變的本質才是真實的。在其著名的弔詭論述中，他對運動提出四項反證理論，嘗試使用邏輯示範來推翻一般對時間與運動的假設。

參考書籍

新興現代哲學家的作品讓我獲益良多，這些哲學家從事的是一種擷取蘇格拉底派系的哲學探索。布赫勒爾所著的《自然複合物的形而上學》（*Metaphysics of Natural Complexes*/Albany: State University of New York Press, 1990），提出一種新奇且令人注目的形上學「絕對理論」，與亞里斯多德發展出的理論相抗衡。若要更完整地捕捉布赫勒爾的哲學思想，就必須閱讀其較小的作品：《查爾斯・皮爾斯的經驗主義》（*Charles Peirce Empiricism* / New York: Harcourt, Brace and Company, 1939）、《自然與天譴》（*Nature and Judgment* / New York: Grosset & Dunlap, 1955）、《關於人類判斷的通論》（*Toward a General Theory of Human Judgment* / New York: Dover Publications, 1951）和《方法的概念》（*The Concept of Method* / New York: Columbia University Press, 1961）。他的最後一本書《啟發的要點：關於詩的概念》（*The Main of Light: On the Concept of Poetry* / New York: Oxford University Press, 1974），對詩的概念提出了獨特且具啟發性的觀點，並且就其初期的判斷理論提出了簡潔的綜合論述。透過閱讀由亞曼・馬述彼恩（Armen Marsoobian）、凱瑟琳・華勒斯（Kathleen Wallace）和羅伯特・S・柯靈頓（Robert S. Corrinton）所編著的《自然的觀點：序數形上學的前景》（*Nature's Perspectives:*

Prospects for Ordinal Metaphysics / Albany: State University of New York Press, 1991），也可獲得許多關於布赫勒爾的哲學思想以及其思想與各知識領域的關聯。

小藍得爾一套三冊的《哲學的歷程》（*Career of Philosophy* / New York: Columbia University Press, 1962, 1965, 1977），對各時期哲學思想進行深入的分析及探索。其《自然與歷史經驗：自然主義與歷史理論的論說》（*Nature and Historical Experience: Essays in Naturalism and the Theory of History* / New York: Columbia University Press, 1958），則是哲學影響力的概況。小藍得爾的《亞里斯多德》（*Aristotle* / New York: Columbia University Press, 1960）和《柏拉圖：理性生命的劇作家》（*Plato: Dramatist of the Life of Reason* / New York: Columbia University Press, 1960），提供有關這兩位哲學家與蘇格拉底的煽動性觀點，和大部分學術界哲學家的觀點有大幅的出入。他清晰明瞭的寫作風格就和清風一樣地迷人。小藍得爾其他值得一讀的著作還包括《知識在西方宗教中的角色》（*The Role of Knowledge in Western Religion* / Boston: Starr King Press, 1958）、《哲學如何運用其過去》（*How Philosophy Uses Its Past* / New York: Columbia University Press, 1963）以及《現代心靈的產生》（*The Making of the Modern Mind* / New York: Columbia University Press, 1977）。

如同我在書中前頭所言，華特．考夫曼主要是因為翻譯了許多尼采的重要作品而聞名。而儘管多數人都認為他的尼采譯作很出色，但相較於他在譯作中所包含的評論，我則較喜歡他的《尼采：哲學家、心理學家、反基督者》（*Nietzsche: Philosopher, Psychologist, AntiChist* / Princeton, N.J.: Princeton University Press, 1950）。考夫曼所著描繪新哲學領域的書籍大多都已絕版，但卻值得努力尋找。如《一個異教徒的信仰與宗教哲學的批評》（*The Faith of a Heretic and Critique of Religion and Philosophy*）等他最早的原創著作中，充滿許多令人難忘的片段，然而他在生涯後期所撰寫的書籍，除了論文集《從莎士比亞到存在主義》（*From Sharkespeare to Existentialism* / Princeton, N.J.: Princeton University press, 1959）之外，都具有較深遠的哲學價值。他的《罪惡與正義之外：從決定恐懼症到自治權》（*Without Guilt and Justice: From Decidophobia to Autonomy* / New York: Peter H. Wyden, 1973）對罪惡和正義做了周詳的探索。其《人類的命運：三部曲》（*Man's Lot: A Trilogy* / New York: Reader's Digest Press, 1978）書中結合了哲學論文與考夫曼拍攝的出色照片，並針對在整個哲學、藝術、文學和世界文明的歷史中人類究竟扮演何等角色，提出了各種觀點的論述。他的《探索心靈》（*Discovering the Mind*）三部曲（最近已由Transaction Publishers, New Brunswick, N.J.重新發行）乃是其生涯的顛峰之作，書中針對歌德、康德、黑格爾、佛洛伊德、榮格以及阿勒等著名的知識份子，提出了單一且非常激進的觀點。

蘇珊・朗格的短篇《哲學的描摹：關於人類心靈與感覺、思想探索、藝術、語言及符號關聯的研究》（*Philosophical Sketches: A Study of the Human Mind in Relation to Feeling, Explored*

Thought, Art, Language, and Symbol / Baltimore: Johns Hopkins Press, 1962）是瞭解其哲學作品的絕佳入門書籍，可以作為進階研究閱讀的跳板，包括《情感與形式》（*Feeling and Form*/New York:Charles Scribner's Sons, 1953）、數冊一套的《心靈：關於人類情感的論說》（*Mind: An Essay on Human Feeling*/Baltimore: Johns Hopkins University Press, 1967 and 1972）以及《哲學新調》（*Philosophy in a New Key*/Cambridge,Mass.:Harvard Press, 1979）。

其他令我格外受惠的書籍包括維根斯坦的《邏輯哲學論》（*Tractatus Logico-Philosophicus*/London: Routledge and Kegan Paul, 1963）；克里佛的《演講與評論》（*Lectures and Essays*/New York: Macmillan and Company, 1886）；莫理斯・柯恩（Morris Cohen）的《理性與自然》（*Reason and Nature*/New York: Free Press, 1953）和《理性與法律》（*Reason and Law*/New York: Coiller Books, 1961）；李普曼（Matthew Lipman）的《思考與教育》（*Thinking in Education*/Cambridge, U.K., and New York: Cambridge University Press, 1991）和《藝術的原則》（*What Happens in Art*/New York: Irvington Publishers, 1967）；漢娜・鄂蘭的《人類的處境》（*The Human Condition*/Chicago: University of Chicago Press, 1958）、《心智生命》（*The Life of the Mind*/New York: Harcourt Brace Jovanovich, 1978）和《黑暗時代的人們》（*Men in Dark Times*/New York: Harcourt, Brace and World, 1958）；賴爾的《心的概念》（*The Concept of Mind*/New York: Barnes&Noble, 1949）；恩尼斯・納格（Ernest Nagel）的《形上學外的邏輯與其他科學哲理研

究》（*Logic Without Metaphysics and Other Studies in the Philosophy of Science*/Glencoe, Ill.: Free Press, 1956）及其巨著《科學的架構：科學闡述的邏輯問題》（*The Structure of Science: Problems in the Logic of Scientific Explanation*/New York: Harcourt, Brace and World, 1961）；德持（E.R.Dodds）的《遠古的發展：與其他希臘哲學及信仰論說》（*The Ancient of Progress:and Other Essays on Greek Literature and Belief*/New York: Oxford University Press, 1973）、《焦慮年代下的異教徒與基督教徒》（*Pagan and Christian in an Age of Anxiety*/New York: W.W. Norton, 1970）以及《希臘人與非理性》（*The Greeks and the Irrational*/Berkeley:University of California Press, 1951）；休謨的《人性論》（*A Treatise of Human Nature*/Oxford: Clarendon Press, 1951）；保羅・費爾利（Paolo Freire）的《被壓迫者的教育學》（*Pedagogy of the Oppressed*/New York: Continuum Publishing Company, 1990）；杜威（John Dewey）《邏輯：探究的理論》（Logic: The Theory of Inquiry/New York: Holt, 1938）；杜威和亞瑟・F・班特利（John Dewey and Arthur F.Bentley）合撰的《認知與所知》（*Knowing and the Known*/Boston: Beacon Press, 1960）；皮爾斯的《皮爾斯的哲學著作》（*Philosophical Writings of Peirce*/New York: Dover Publications, 1955）；桑塔雅納（George Santayana）的《著作集》（*Obiter Scripta*/New York: Charles Scribner's Sons, 1936）和《桑塔雅納重要作品選》（*Selected Critical Writings of Santayana*）兩冊（Cambridge, U.K., and New York.: Cambridge University Press, 1968）；卡內

蒂（Elias Canetti）的《奧托達菲》（*Auto da Fé*）（New York: Noonday Press, 1984）；布洛克（Hermann Broch）的《無辜者》（*The Guiltless*/San Francisco: North Point Press, 1987）、《維吉爾之死》（*The Death of Virgil*/New York: Vintage Books, 1995）和《夢遊者：三部曲》（*The Sleepwalkers: A Trilogy*/New York: Vintage Books, 1996）；羅伯特・穆西爾（Robert Musil）的《沒有品格的人》（*The Man Without Qualities*/New York: Knopf, 1995）；杜斯妥也夫斯基（Fyodor Dostoevsky）的《地下室手記》（*Notes from the Underground*/New York: W. W. Norton, 1989）；埃利森（Ralph Ellison）的《隱形人》（*Invisible Man*/New York: Signet, 1952）；羅爾夫・霍赫胡特（Rolf Hochhuth）的《代理人》（*The Deputy* /New York: Grove Press, 1964）；伊塔羅・卡爾維諾（Italo Calvino）的《給下一輪太平盛世的備忘錄》（*Six Memos for the Next Millennium*/Cambridge, Mass.: Harvard University Press, 1988）；羅伯特・寇爾斯（Robert Coles）的《危機中的兒童：勇氣與恐懼之研究》（*Children of Crisis: A Study of Courage and Fear*/New York: Little, Brown, 1966）、《服務的呼喚：理想主義的實踐》（*The Call of Service: A Witness to Idealism*/Boston: Houghton Mifflin, 1993）和《故事的呼喚》（*The Call of Stories*/Boston: Houghton Mifflin, 1989）；埃利・威塞爾（Elie Wiesel）的《夜晚》（*Night*/New York: Bantam, 1960）和《黎明》（*Dawn*/New York: Bantam, 1982）；紀爾茲（Clifford Geertz）的《文化的闡述》（*The Interpretation of Cultures*/New York: Basic Books, 1973）；傑羅姆・布魯

納（Jerome Bruner）的《教育的文化》（*The Culture of Education* /Cambridge, Mass.: Harvard University Press, 1996）；約翰・威廉・米勒（John William Miller）的《符號與功能物件的中間境界》（*The Midworld of Symbols and Functioning Objects*/New York: W. W. Norton, 1982）；李・斯莫林（Lee Smolin）的《宇宙的生命》（*The Life of the Cosmos*/London: Oxford University Press, 1997）；勞倫斯・謝姆斯（Laurence Shames）的《價值的渴求：在貪婪年代中尋找價值》（*The Hunger for More: Searching for Values in an Age of Greed*/New York: Times Books, 1989）。

謝辭

感謝若沒有妻子西西莉亞堅定的支持，我永遠都無法完成這本書，她是我精神上的伴侶，在最艱困的時候，她鼓勵我繼續朝著夢想前進。在我創作的初期，作家克雷・摩根（Clay Morgan）細心地評論未完成的作品，他是協助我朝正確方向邁進的重要指標。諾頓出版社的編輯艾蓮・梅森（Alane Mason），鼓勵我不要只是根據已知技能寫作，要發掘自己的潛能；和她共事是我寫作生涯中收穫最豐富的經歷。艾蓮・梅森的助理史蒂芬妮・迪亞茲（Stefanie Diaz），他閱讀我的手稿並給我許多意見，督促我進行極為重要的修改工作。

此外，我還要感謝許多人：我的母親瑪格麗特・安・P・菲利普斯，她不斷鼓勵我且深信我最後一定會成功；南方貧窮法中心創辦人暨執行主管莫里斯・迪斯；南加州大學哲學教授戈登・海斯特，是我的好友，在我面臨重要抉擇的時候，他總會提供我一些急需的意見和指導；這本書的經紀人費利西亞・埃斯；達爾塔州立大學哲學教授比爾・潘寧頓；達爾塔州立大學自然人文科學系教授亨利・奧特洛；達爾塔州立大學研究所教務長約翰・松內爾，在偶然的機緣下，他戲劇性地協助我改變了生命的方向；蒙特克利爾州立大學研究所教務長卡拉・內瑞特，她獨力協助我努力成為哲學家；尼克・塞克斯頓，他給我第一本華特・考夫曼著作；我的父親艾力克斯・菲利普斯；約翰・埃斯特爾；雪麗・蓋布瑞兒；已故的艾力克斯・哈利，是我的摯友，多年來一直敦促我寫書；已故的馬克・薩塔；雷貝嘉・彼納和凱西・彼納；喬依・福克斯和蘇珊納・福克斯；約翰・萊斯・歐文；佩蒂・卡洛尼科；瑪莉・卡洛尼科；已故的史蒂夫・卡洛尼科；我的老友傑克・貝爾；我的叔父詹姆斯・F・菲利普斯；史蒂夫・馬切迪；我忠貞的摯友派特・麥吉；我的好友湯姆・麥吉，總是對我有信心；瑪琳・卡特；比爾・海斯；大衛・威廉斯；卡洛斯・洛多；羅伯・賀恩和伊麗莎白・卡夫特；安德魯・柏頓；吉姆・摩根；麥克・多索；吉利安・赫什伯格；已故的梅麗莎・韋斯卡特；史考特・麥柯德；「泡泡姨媽」巴巴拉・貝洛夫；西西利亞・艾斯彼諾薩；佩蒂・派歐特；伊芳・艾斯彼諾薩；喬許・葛倫；舊金山州立大學哲學教授雅各・尼德曼；安・瑪格麗特・夏普；菲利浦・古因；尼克・迪馬特，就像我的家人一樣；《遊行》雜誌出版社的華特・安德森，我敬愛的恩師；我的兄弟麥克・菲利普斯；麥特・李普曼，他是我的模範，我的老師，也是我堅定的支持者。

最後，我還要感謝許許多多與我共同追尋蘇格拉底的人，你們讓我的生命更豐富。

¶
alínea 06 ——

蘇格拉底咖啡館
哲學行動新滋味
Socrates café: A Fresh Taste of Philosophy

作者	克里斯托弗 · 菲利普斯
譯者	林雨蒨
發行人	王春申
編輯指導	林明昌
副總經理兼任副總編輯	高珊
主編	邱靖絨
助理編輯	何宣儀
校對	楊蕙苓
封面設計	吳郁婷
印務	陳基榮
出版發行	臺灣商務印書館股份有限公司 23150 新北市新店區復興路四十三號八樓
電話	(02)8667-3712 傳真：(02)8667-3709
讀者服務專線	0800056196 郵撥：0000165-1
E-mail	ecptw@cptw.com.tw
網路書店網址	www.cptw.com.tw
網路書店臉書	facebook.com.tw/ecptwdoing
臉書	facebook.com.tw/ecptw

局版北市業字第 993 號
初版一刷：2017 年 11 月
定價：新台幣 360 元

蘇格拉底咖啡館：哲學行動新滋味 / 克里斯托弗.菲利
普斯(Christopher Phillips)著；林雨蒨譯. -- 初版. --
新北市：臺灣商務, 2017.11
面；　公分 . -- (alinea)
譯自：Socrates café : a fresh taste of philosophy
ISBN 978-957-05-3101-5(平裝)

1. 哲學

100　　　　　　　　106014732